Uni-Taschenbücher 1918

W0175673

UTB
FÜR WISSEN
SCHAFT

Eine Arbeitsgemeinschaft der Verlage

Wilhelm Fink Verlag München
Gustav Fischer Verlag Jena und Stuttgart
Francke Verlag Tübingen und Basel
Paul Haupt Verlag Bern · Stuttgart · Wien
Hüthig Fachverlage Heidelberg
Leske Verlag + Budrich GmbH Opladen
J. C. B. Mohr (Paul Siebeck) Tübingen
Quelle & Meyer Heidelberg · Wiesbaden
Ernst Reinhardt Verlag München und Basel
Schäffer-Poeschel Verlag · Stuttgart
Ferdinand Schöningh Verlag Paderborn · München · Wien · Zürich
Eugen Ulmer Verlag Stuttgart
Vandenhoeck & Ruprecht in Göttingen und Zürich

Hermann Baum

Ethik sozialer Berufe

Ferdinand Schöningh
Paderborn · München · Wien · Zürich

Die Deutsche Bibliothek – CIP-Einheitsaufnahme

Baum, Hermann:
Ethik sozialer Berufe / Hermann Baum. –
Paderborn; München; Wien; Zürich; Schöningh, 1996
(UTB für Wissenschaft: Uni-Taschenbücher; 1918)
ISBN 3-8252-1918-6 (UTB)
ISBN 3-506-99479-4 (Schöningh)
NE: UTB für Wissenschaft / Uni-Taschenbücher

Gedruckt auf umweltfreundlichem, chlorfrei gebleichtem
und alterungsbeständigem Papier ∞ ISO 9706

(Verlag Ferdinand Schöningh GmbH, Jühenplatz 1, D-33098 Paderborn)
ISBN 3-506-99479-4

Printed in Germany.
Herstellung: Ferdinand Schöningh, Paderborn
Einbandgestaltung: Alfred Krugmann, Freiberg am Neckar

UTB-Bestellnummer: ISBN 3-8252-1918-6

Inhalt

Einleitung

Soziale Berufe wie Sozialarbeit und Sozialpädagogik gelten als „helfende Berufe“. In einem weiten Sinn trifft das natürlich für alle Berufe zu: sie helfen den Menschen, ein sichereres, angenehmeres, luxuriöseres oder auch längeres Leben zu führen.

Berufe mit ihren mehr oder weniger fest umrissenen Arbeitsfeldern bilden sich in der Regel nur unter der Bedingung aus, daß es im gesellschaftlichen Zusammenleben wiederkehrende Situationen gibt (bzw. daß solche künstlich geschaffen werden), in denen sich Aufgaben stellen, die nur dann zufriedenstellend gelöst werden können, wenn ein bestimmtes Wissen oder Können, ein know-how gegeben ist. Das gilt für den Schlosser und für die Internistin ebenso wie für die Architektin, den Mathematiker und Kaufmann. Die gute Lösung jener Aufgaben *hilft* den Menschen, ein in den Ansprüchen wachsendes und doch zufriedeneres Leben zu führen. Je breiter gefächert die Lebensansprüche sind und je höher sie liegen, desto ausdifferenzierter sind in der Konsequenz die anzutreffenden Berufe, desto spezialisierter sind die beruflichen Hilfen zu ihrer Befriedigung. Helfen in diesem sehr weiten Sinn meint so viel wie „einen Beitrag leisten“ bei der Zufriedenstellung wachsender gesellschaftlicher Ansprüche.

An dieses Helfen ist nicht gedacht, wenn u. a. Sozialarbeit und Sozialpädagogik als „helfende Berufe“ bezeichnet werden. Die von ihnen geleistete Hilfe ist ganz anderer Natur, betrifft spezielle Problemsituationen:

> Die Sozialarbeit hilft überwiegend „... (bei) der Verhütung und Lösung von individuellen, familiären, beruflichen und ... (gruppen-spezifischen) Konfliktsituationen und ... (beim) Ausgleich von sozialen Defiziten ... Die Sozialpädagogik vermittelt schwerpunktmäßig Erziehungs- und Bildungshilfen im vor- und außerschulischen Bereich.“[1]

Berufliches Helfen, wie es hier praktiziert wird, ist nicht ein *Beitrag* zur Erhaltung oder Steigerung der Lebensqualität, sondern ein not-

---

[1] Bundes- und Länder-Kommission für Bildungsplanung und Forschungsförderung und Bundesanstalt für Arbeit: Studien- und Berufswahl, Bad Honnef 1979, 185.

wendiger *Beistand* bei ernsthaft gefährdeter Lebensqualität. Helfen bedeutet hier

a) ganz bestimmten einzelnen Personen oder auch Gruppen *beizustehen*, ihre sie berührenden Probleme zu lösen; und

b) diese Probleme erwachsen nicht aus dem Wunsch nach gesteigertem Luxus und höherer Bequemlichkeit, sondern sind existentiell-bedrohlich, ängstigen und verunsichern die Betroffenen; hinzu kommt

c) daß diese selbst nicht mehr oder noch nicht in der Lage sind, ihre Probleme aus eigener Kraft zu lösen; sie brauchen den Beistand anderer.

Aus dem Gesagten wird deutlich, daß die von Sozialarbeiterinnen und Sozialpädagoginnen[2] geleistete berufliche Hilfe die Existenz bestimmter Menschen betrifft. Entscheidungen, die im Rahmen dieser Hilfe zu treffen sind, berühren also direkt das Wohl oder Wehe derer, denen geholfen werden soll; und damit haben sie unweigerlich auch *ethisches* Gewicht.

In ihrem Artikel „Konkret: Was hilft mir bei der Suche nach ethisch verantwortbaren Lösungen in schwierigen Situationen?“ schreibt *Ruth Brack* die bemerkenswerten Zeilen:

„Oftmals müssen wir (als SozialarbeiterInnen, H.B.) solche schwierigen Einschätzungen der Wirkungen (Folgen unseres Handelns, H.B.) machen und verschiedene Handlungsalternativen unter vielen Aspekten gegeneinander abwägen. Dabei sind die SozialarbeiterInnen keine Theologen oder Philosophen, und dieses Stoffgebiet wird in der Fachausbildung eher nebensächlich behandelt. Woher sollen sie die Anhaltspunkte für die Entscheidungsfindung nehmen? Es ist ja nicht so, daß ‚Ehrfurcht vor dem Leben‘ die einzige ethische Maxime wäre! Andere Ethiker nennen ‚Gerechtigkeit‘ oder ‚Solidarität‘ oder ‚Freiheit / Befreiung‘ als oberste Prinzipien. Was gilt? Und wieso kommt der eine Autor zu diesem, ein anderer zu jenem Schluß? Diese Frage beschäftigt mich seit vielen Jahren . . . (ich) stelle . . . bei mir selber eine große Unsicherheit und relative Hilflosigkeit gegenüber meinem ‚ethischen Fundament‘ fest . . . Gleichzeitig spüre (ich aber), wie wichtig die Auseinandersetzung und Festigung eines solchen Fundaments ist . . .“[3]

---

[2] Selbstverständlich sind hier sowie weiterhin immer auch die Sozialarbeiter und Sozialpädagogen mitgemeint.

[3] Ruth Brack: Konkret: Was hilft mir bei der Suche nach ethisch verantwortbaren Lösungen in schwierigen Situationen, in: Sozialarbeit 4, 1986, 9.

Dieser Text – ein Urteil, das aus langjähriger sozialarbeiterischer Praxis erwachsen ist – ringt sicherlich jedem fair denkenden Leser Respekt für die Autorin ab, die freimütig und klar ganz persönliche Schwierigkeiten auf ethischem Terrain einräumt. Zugleich aber – und das ist wichtiger – weist der Text auf einen ethischen Wissensmangel, der für soziale Berufe aufgrund bestehender Ausbildungspläne vorprogrammiert zu sein scheint.

So ist an dieser Stelle eine vorsichtige Schlußfolgerung möglich: Wenn Sozialarbeit und Sozialpädagogik sich als professionelles Helfen für einzelne oder auch für Gruppen verstehen und wenn festgestellt werden darf, daß dieses Helfen fraglos ethisches Gewicht hat, so muß gefolgert werden, daß Sozialarbeit und Sozialpädagogik von ihrem professionellen Selbstverständnis her um ethisches Wissen bemüht sein müssen und dieser Wissenserwerb bereits fundamentale berufsethische Pflicht ist.

Die Berufskodizes der internationalen und nationalen Berufsverbände sozialer Arbeit thematisieren nun zwar das Berufsethos in dem Maße, wie sie bestimmte Pflichten auflisten; aber sie vermitteln kein Wissen, um diese Pflichtenkataloge auch richtig zu interpretieren. Sie setzen dieses Wissen bei ihren Mitgliedern voraus, obwohl es keineswegs überall dort, wo das Studium der Sozialarbeit und Sozialpädagogik möglich ist, vermittelt wird.

Das vorliegende Buch versteht sich als ein Angebot an angehende oder bereits im Beruf stehende Sozialarbeiterinnen und Sozialpädagoginnen sowie Angehörige anderer – im weitesten Sinne – sozialer Berufe, sich mit Grundsätzen ethischen Denkens vertraut zu machen, sie praxisbezogen aufzugreifen und für sich fruchtbar zu machen. Von daher erklären sich Aufbau und Inhalt des Buches:

A. Problemstellung

Ausgangspunkt der Darstellung soll jenes weiter oben bereits erwähnte Berufsethos der Sozialarbeit sein, das sowohl in einem internationalen als auch in einer ganzen Reihe nationaler Berufskodizes definiert ist, die in den letzten Jahrzehnten aufgestellt wurden. In ihnen findet sich, wenn auch keineswegs ausreichend klar herausgearbeitet, die spezifische Struktur der Ethik sozialer Arbeit, ihre drei – selbstverständlich engstens miteinander verflochtenen – Ebenen oder Wirkbereiche:

- die Ethik *personalen Selbst-Einsatzes*
- die Ethik *subsidiarer Kooperation* und
- die Ethik *solidarischen Helfens.* (s. Kapitel 1)

Die etwas detailliertere Analyse dieser drei Ebenen wird am Schluß der Untersuchung stehen; sie soll systematisch vorbereitet werden durch die dazwischenliegenden Kapitel, die zugleich eine allgemeine Einführung in das ethische Denken überhaupt sein wollen.

B. Vorbereitung der Problem-Lösung: Einführung in die Ethik

Auch ohne jede systematische Auseinandersetzung mit ethischen Problemstellungen verfügt der Mensch über ein Verständnis oder besser Vorverständnis dessen, was als ethisch gut gelten soll. Freilich sind Begründungen des ethisch Richtigen, die auf der Stufe dieses Vorverständnis gegeben werden, in der Regel schwer zu halten. (s. Kapitel 2)

R. Brack spricht in ihrem weiter oben bereits zitierten Artikel unverschönt von „großer Unsicherheit“ und „relativer Hilflosigkeit“, die so manchen Menschen befallen mögen, der einen sozialen Beruf ausübt und in dessen Rahmen mehr oder weniger häufig zu Entscheidungen gezwungen wird, die sich auf das Schicksal anderer Menschen gravierend auswirken. Der Kontext des Artikels läßt sehr deutlich werden, daß sich Unsicherheit und Hilflosigkeit weniger durch den Mangel, als vielmehr durch die Vielfalt und dabei auch noch Widersprüchlichkeit angebotener ethischer Leitregeln erklären. *Was also sind überhaupt ethische Normen*? Welche Funktion haben sie? Warum benötigt sie der Mensch; und wie erklärt sich ihre *Diversität*? Das sind die Einstiegsfragen. (s. Kapitel 3.1.)

Das Problem der Diversität ethischer Normen, die ja nicht nur kulturell bedingt, sondern auch im geschichtlichen Wandel begründet ist, führt unweigerlich zum empirisch nachweisbaren Phänomen *moralischer Evolution*, das gern und zurecht unter *phylogenetischem* (stammesgeschichtlichem) wie auch *ontogenetischem* (die Entwicklung eines einzelnen Lebewesen betreffendem) Aspekt betrachtet wird. Die Begriffe einer vorkonventionellen, konventionellen und nachkonventionellen Moral haben sich in diesem Zusammenhang eingebürgert. (s. Kapitel 3.2.)

Der Verlauf moralischer Evolution erklärt auf seine Weise nicht nur besagten Normenreichtum, er zeigt auch ein interessanterweise sich wandelndes Verhältnis der Menschen in ihrem Umgang mit den Normen: *Die Ethik selbst differenziert sich* in diesem Sinne; man spricht heute gern von

- empirischer Ethik
- normativer Ethik und
- Metaethik.

Unkenntnis des damit Gemeinten verschärft unweigerlich das Problem bestehender Unsicherheit. Der Unkundige läuft Gefahr, planlos und ohne sich dessen überhaupt bewußt zu sein, zwischen diesen „Ethiken" hin und her zu springen, sich in Widersprüche zu verwickeln und womöglich die Orientierung vollends zu verlieren. Die Klärung dieser Begriffe ist daher unbedingt notwendig (s. Kapitel 3.3.)

Ebenso zwingend erforderlich ist es, sich auch noch mit einigen anderen *fundamentalen Begriffen* philosophischer Ethik vertraut zu machen, die wie jede Fachdisziplin ihre eigene Ausdrucksweise entwickelt hat. Zum Basisbestand ethischen Fachvokabulars gehören u. a. die Begriffe:

- Norm, Wert, Urteil
- Motivation, Prinzip und Ziel
- deontologische, teleologische und axiologische Begründung.

Ansonsten bemüht sich die vorliegende Untersuchung, die Fachterminologie auf ein Minimum zu reduzieren, um keine unnötigen formalen Barrieren zu errichten und das Verständnis künstlich zu erschweren. (s. Kapitel 3.4.)

Philosophische Ethiken sind Denkleistungen geschichtlicher Personen. Sie entstehen nicht im luftleeren Raum, sondern stets im Horizont weltanschaulicher Vorstellungen; und wie es eine Fülle sich voneinander unterscheidender Sinndeutungen der Welt gibt, so bunt ist daher auch die *Palette normativer Ethiken*, die im Verlauf der Geschichte entworfen wurden. Was den philosophischen Laien also auf den ersten Blick verwirren und abschrecken mag, hat seine durchaus einleuchtende Erklärung, die zugleich verstehen läßt, warum nicht eine bestimmte Ethik, sondern allenfalls ethisches Denken erlernbar ist. Wie jeder Mensch im Laufe seines Lebens seine ganz persönliche Weltanschauung entwickelt, so muß er auch *seine* Ethik, seine Vorstellung vom richtigen Handeln aus jener eigenen Weltanschauung sich selbst erarbeiten und kann keine vorgefertigte von anderen übernehmen. Wer also hofft, ein Rezeptbuch ethisch richtigen Handelns und Verhaltens vorgelegt zu bekommen, das für jeden nur denkbaren konkreten Fall der Berufspraxis die Lösungen nennt, der muß sich enttäuschen, von einer Illusion befreien lassen. Es gibt keine ethischen Rezepte, was für den, der begriffen hat, was Ethik ist, sofort einsichtig ist. Mit der Darstellung dieses Sachverhalts endet die allgemeine Einführung in das ethische Denken. (s. Kapitel 3.5.)

Am Beispiel von einigen geschichtlich bedeutsamen philosophischen Ethiken, nämlich
- *Immanuel Kants*
- *John Stuart Mills*
- *Max Schelers* und
- *Friedrich Nietzsches*

wird sodann ethisches Denken, d. h. die systematische Konstruktion einer normativen Ethik veranschaulicht: das weltanschauliche Fundament, der folgerichtig gewählte Begründungstyp sowie die darauf aufbauenden Bestimmungen des Prinzips, der Motivation und des Zieles moralischen Handelns.

Dieser Teil der Untersuchung will keine Geschichte der Ethik sein, wie es auch nicht das Ziel ist, die ausgewählten ethischen Lehren in all ihren Details, mit sämtlichen Pro- und Contra-Argumenten, mit Quer- und Rückverweisen zu erörtern. Das mag für den Philosophiehistoriker interessant sein, in diesem Zusammenhang würde es ermüdend wirken. Die Absicht ist vielmehr, den jeweils gegebenen inneren Zusammenhang zwischen dem weltanschaulichen Fundament und der darauf aufbauenden Ethik herauszuarbeiten. Im geistigen Nachvollzug und kritischem Vergleich, der durch die jeweils gleiche Abfolge in der Darstellung erleichtert werden soll, bietet die Lektüre gerade dieses Kapitels die Chance, das eigene systematische Denken zu trainieren, die Stufe sprunghafter Wechsel von lebhafter Phantasie und ernsthaften, begrifflichen Denkens zu überwinden, allmählich Sicherheit zu gewinnen und schließlich ganz persönlich ethisches Neuland zu betreten. Es geht also um kritisches Nach-Denken und nicht etwa einfach um Übernahme, was aufgrund der Unterschiedlichkeit der dargestellten Positionen ohnehin insgesamt ausgeschlossen wäre. (s. Kapitel 4)

C. Vorschlag einer Problem-Lösung

Der Kreis schließt sich mit einer Analyse der Ethik sozialer Berufe, wobei nun selbstverständlich das inzwischen Dargestellte zum fruchtbaren Einsatz kommt.

Dort, wo es sich anbietet und als sinnvoll erweist, werden dabei exkurshaft Gedanken weiterer bedeutsamer philosophischer Ethiken der Vergangenheit und Gegenwart einbezogen, um das Bild etwas abzurunden.

Besonders bedeutsam erscheint allerdings zunächst der Hinweis, daß die Ethik sozialer Berufe unterschiedliche Ebenen hat, deren Mißachtung einer der wesentlichen Gründe für die anhaltenden und z. T. recht unfruchtbaren Diskussionen zu diesem Thema ist. Sozialarbeit und Sozialpädagogik sind a) gesellschaftliche Phänomene, b) objektiv beschreibbare Berufe sowie c) subjektiv geleistete Tätigkeiten – drei Ebenen, deren ethische Betrachtung durchaus zu differenzieren ist. Besonderes Gewicht wird auf den Entwurf (Vorschlag) einer berufsethischen Theorie (Ethik des Berufes allgemein) gelegt werden: Auf der Grundlage fundamentalethischer Überlegungen aus dem Blickwinkel der hierfür gewählten universal-solidarischen Ethik wird nach den ethisch-richtigen Motivationen, Prinzipien und Zielen

a) selbstverantwortlichen,
b) kooperativen und
c) helfenden Handelns

gefragt. Daß eine solche berufsethische Theorie allerdings immer nur Vorschlag, Impuls sein kann für das eigene kritische Nachdenken (beruflich) Betroffener, wird aus der Gesamtdarstellung hoffentlich deutlich werden. (s. Kapitel 5)

1. Berufsethos

„Einfühlungsvermögen, Kontaktfreudigkeit, Verantwortungsbewußtsein, Geduld, Verständnis und neben pädagogischen zum Teil auch musische Fähigkeiten"[4]

– diese Anforderungen sollte man nach Meinung derer, die es wissen dürften, erfüllen, wenn die persönliche Wahl auf einen Beruf im sozialen Bereich fällt. Es wäre gut, die Anlagen zu diesen Fähigkeiten von Natur aus mitzubringen und damit sozusagen für eine soziale Tätigkeit *berufen* zu sein. *Beruf*, ein Wort das ohne jede Frage mit *Berufung* zusammenhängt, wurde von *Martin Luther* (1483–1546) in die deutsche Sprache eingeführt und brachte eine völlig neue Einstellung des Menschen zur Arbeit zum Ausdruck, die es weder in der Antike noch im Frühchristentum gegeben hatte.[5] Berufliche Arbeit galt nun als Gottesdienst im Alltag. *Johann Calvin* (1509–1564) ging noch einen Schritt über *Luther* hinaus, insofern nach ihm beruflicher Erfolg als Zeichen gelten durfte, zu den von Gott Auserwählten zu gehören.[6]

Beruf und moralische (also – im Verständnis des Mittelalters – gottgefällige) Lebensführung verschmolzen so zu einer festen, nicht nur gedanklichen, sondern gerade auch gesellschaftlich praktizierten Einheit, die allerdings ihre unumgänglichen Voraussetzungen hatte – die Verbindlichkeit des Glaubens sowie eine Welt der Arbeit, die jedem seinen festen Platz anwies und weitgehend auch sicherte. Das gilt im Prinzip und sollte nicht als Glorifizierung jener Geschichtsepoche mißverstanden werden. Aufklärung und Industrialisierung brachten eine entscheidende Wende: *Atheismus* und *entfremdete Arbeit*[7] ließen ein Weltbild zerbrechen, das sich u. a. eben in jener Idee einer *Berufs-Ethik* widergespiegelt hatte. Berufliche Spezialisierung als unumgängliche Bedingung eines erfolgrei-

---

[4] Bundesanstalt für Arbeit: Berufe Aktuell, Nürnberg 1993, 297.

[5] s. hierzu Hannah Arendt: Vita activa, Stuttgart 1956.

[6] s. hierzu Max Weber: Die protestantische Ethik und der Geist des Kapitalismus, Hamburg 3. Aufl. 1973; kritisch dazu: Jürgen Habermas: Theorie des kommunikativen Handelns, Frankfurt 1981.

[7] s. hierzu Karl Marx: Ökonomisch-philosophische Manuskripte aus dem Jahre 1844.

chen Existenzkampfes innerhalb einer leistungsorientierten und weltanschaulich sich zunehmend pluralisierenden Gesellschaft wurde das neue Leitmotiv. Die Ethik wurde im erbarmungslos geführten Konkurrenzkampf auf dem Arbeitsmarkt aus den Berufen verdrängt, die in der Regel auch aufhörten, als Berufung empfunden zu werden.

Die Rede von der Berufsethik oder auch vom Berufs-Ethos – ist sie dann heute nur noch eine Reminiszenz weit zurückliegender Zeiten, Ausdruck nostalgischer Träume von einem längst vergangenen goldenen Zeitalter der Menschheit? Keineswegs; die Idee des Berufsethos ist nicht tot. Sie lebt hartnäckig weiter, hat ihre Überlebensnischen gefunden in einigen wenigen Berufen, die immer noch – gegen den Geist der Zeit – ihre spezifische Ethik vertreten. Neben den Berufen des Arztes, des Wissenschaftlers und Lehrers, sind es vor allem auch die sozialen Berufe. Wie der Arzt seinen Hippokratischen Eid [8] leistet, so kennen auch Sozialpädagogin und Sozialarbeiterin einen *Berufskodex*, eine Zusammenstellung ethischer Leitsätze, die für den Berufsstand als verpflichtend angesehen werden. Es gibt einen internationalen Berufskodex, die 1976 in Puerto Rico beschlossene „Berufsordnung", die sich mit mehr oder weniger geringfügigen Abweichungen in etlichen nationalen Berufskodizes wiederfindet. Auch der Deutsche Berufsverband der Sozialarbeiter und Sozialpädagogen e.V. hat im Jahre 1974 in Kiel eine solche „Berufsordnung" verabschiedet.[9] Ein Vergleich zeigt – bei unterschiedlicher Subdifferenzierung – einen Katalog ethischer Pflichten, der sich am besten im Sinne der Berufsfeld-Struktur ordnen läßt. Die Sozialarbeiterin steht beruflich in einer komplexen Beziehung, die sich schematisch folgendermaßen strukturieren läßt:

---

[8] s. hierzu World Medical Association: Genfer Ärztegelöbnis, Genf 1948.

[9] s. Anhang; vgl. hierzu auch folgende Veröffentlichungen:
– Berufsverband der Sozialarbeiter, Sozialpädagogen, Heilpädagogen – Vereinigte Vertretung sozialpädagogischer Berufe e.V. (Hg): Berufsbild der Sozialarbeiter, Sozialpädagogen, Heilpädagogen, Essen 1985;
– Deutscher Berufsverband der Sozialarbeiter und Sozialpädagogen e.V. (Hg): Berufsbild Diplom-Sozialarbeiterinnen/Diplom-Sozialarbeiter / Diplom-Sozialpädagoginnen/Diplom-Sozialpädagogen, Essen 1988.

	Klient	
Kolleginnen	Sozialarbeiterin als beruflich Handelnde und als Repräsentantin ihres Berufsstandes	Institutionen
	Gesellschaft	

Der Katalog berufsethischer Pflichten z. B. des deutschen Verbandes der Sozialarbeiterinnen und Sozialpädagoginnen bzw. des NASW-Berufskodex[10] kann dann stichworthaft entsprechend aufgelistet werden:

1. *Ethische Pflichten gegenüber sich selbst*:
- berufliche Integrität und Fortbildung;

2. *Ethische Pflichten gegenüber dem Berufsstand:*
- Schutz und Förderung der Werte und des Auftrags des Berufs; Weiterentwicklung des für die berufliche Praxis erforderlichen Wissens;

3. *Ethische Pflichten gegenüber Kollegen:*
- Achtung, Höflichkeit, Gerechtigkeit, Grundsatz von Treu und Glauben;

4. *Ethische Pflichten gegenüber Institutionen und Anstellungsträgern:*
- Einhaltung vertraglich eingegangener Verpflichtungen, Loyalität;

5. *Ethische Pflichten gegenüber der Gesellschaft:*
- Förderung der allgemeinen Wohlfahrt;

6. *Ethische Pflichten gegenüber dem Klienten:*
- Hohe Einsatzbereitschaft, Loyalität, Förderung der Selbstbestimmung des Klienten, Engagement gegen jede Form der Diskriminierung.

[10] s. Anhang

Der Blick auf das oben dargestellte Koordinatenkreuz der beruflichen Beziehungs-Strukturen macht es deutlich: die drei horizontalen Felder, d.i. der Querbalken des Kreuzes (Kolleginnen – Sozialarbeiterin – Institutionen), repräsentieren den *Funktionsbereich* sozialer Arbeit, der – im Sinne des bekannten Doppelmandats – zwischen den Problemen und Interessen der Gesellschaft einerseits, der Klientel als *Adressatenbereich* sozialer Arbeit andererseits vermitteln soll. Im Dienste dieser Interessensvermittlung stehen die sozialen Berufe. Bei der Beurteilung der von ihnen geleisteten Hilfe richtet sich der Blick womöglich zu schnell nur in eine Richtung: von der Gesellschaft (und ihrem sozialen Netz) über die sozialen Berufe auf den Klienten (als Empfänger sozialer Hilfe). Aber soziale Berufe helfen tatsächlich nicht nur – so weit sie können – den Klienten, um sie in die Lage zu versetzen, sich eines Tages selbst weiterzuhelfen. Die Tätigkeit sozialer Berufe ist auch eine Hilfe gegenüber der Gesellschaft, denn sie dient dem Allgemeinwohl und kann, insofern die Gesellschaft mit ihren Institutionen es ist, die diese Hilfe organisiert und finanziert, in gewisser Weise als Selbsthilfe der Gesellschaft interpretiert werden. (Eben diesen Aspekt der Gesellschaft stärker bewußt zu machen, könnte der sozialen Anerkennung der helfenden Berufe nur förderlich sein.) Soziale Arbeit ist Hilfe, die sich beidseitig – d. h. für die Klienten, aber auch für die Gesellschaft – günstig auswirken soll: das berufliche Doppelmandat ist kein Geschenk der einen Seite über die Sozialarbeiterin an die andere Seite, sondern ein Auftrag, der durchaus im wohlverstandenen Eigeninteresse beider Seiten „erteilt" wird: der Klientel wie auch der Gesellschaft.

Die ethischen Anforderungen sozialer Berufe lassen sich nach dem Gesagten nicht nur im Sinn des oben dargestellten Koordinatenkreuzes auflisten, wie das im Berufskodex weitgehend geschieht. Sie können auch nach den Dimensionen dieses Kreuzes differenziert werden:

– die ethischen Anforderungen der Horizontalfelder (Kolleginnen – Sozialarbeiterin – Institutionen) sind die der *Zusammenarbeit* (die Hilfe implizieren kann); sie repräsentieren die Funktionsebene sozialer Arbeit;

– die ethischen Anforderungen der Vertikalfelder (Klientel – [Sozialarbeiterin] – Gesellschaft) sind die der *Hilfe* (die Zusammenarbeit implizieren kann); sie stellen die Zielebene sozialer Arbeit dar.

– Im Subjekt sozialer Arbeit, d. h. im Menschen, der sie „vor Ort" leistet und den Berufsstand sozialer Arbeit repräsentiert, treffen sich beide Dimensionen. Dieses Subjekt sozialer Hilfe, die Sozialarbeiterin, steht im Kreuzungspunkt beider Dimensionen, sie ist das Aktionszentrum konkreter sozialer Arbeit. Als Aktionszentrum ist sie aber gerade nicht Zielpunkt. Sich selbst als Zielpunkt zu sehn, würde nichts anderes bedeuten, als die soziale Arbeit zum bloßen Mittel beruflicher Selbstverwirklichung und vielleicht narzißtischer Selbstbestätigung zu degradieren. (Natürlich ist damit in keiner Weise bestritten, daß es legitim ist, im Beruf *auch* persönliche Erfüllung zu suchen. Aber diesem Wunsch dürfen nicht alle anderen Belange untergeordnet werden.) Umgekehrt kann den zwei Dimensionen des ethischen Anspruchs – zumindest auf Dauer – nur gerecht werden, wer sich selbst nicht übersieht. Das berühmt-berüchtigte Burn-out-Syndrom ist unter Umständen Ausdruck eines fatalen beruflichen Mißverständnisses, das traurige Resultat der Verletzungen ethischer Pflichten gegenüber sich selbst.

Die Ethik sozialer Berufe hat also im wesentlichen *drei* Aspekte; sie ist:

- Ethik *solidarischer Hilfe* für andere (als ihrem eigentlichen Ziel und Gegenstand)
- Ethik *subsidiarer Zusammenarbeit* mit anderen (als Weg zum Ziel oder Mittel zum Zweck) und
- Ethik *personalen Selbst-Einsatzes und damit der Verantwortung gegenüber sich selbst* (als Subjekt des Helfens, d. h. als eigentlicher Leistungsträgerin).

Wenn soziale Berufe ihr Ziel doppelter *Hilfe*-Leistung (gegenüber der Klientel im engeren Sine, aber auch gegenüber der Gesellschaft als ganzer) optimal erfüllen wollen, so setzt das – auf die beruflichen und berufsethischen Anforderungen eingeschränkt – voraus, daß die *Zusammenarbeit* der Beteiligten funktioniert; was nur dort der Fall sein kann, wo die einzelne zwar nicht nur Selbstbestätigung im Beruf sucht, aber auch nicht sich selbst entäußert, sondern – im Geiste recht verstandener Selbstverantwortung – die goldene Mitte wählt.

Von *R. Lubow* stammt das Wort, Sozialarbeit sei „professional altruism“, berufsmäßig ausgeübte Selbstlosigkeit. Auf den ersten Blick zweifelsohne eine großartige Anerkennung des Berufsstandes. Beim näheren Hinsehen wird allerdings deutlich, daß dieses Wort – zumindest im Kern – auch schon ein beträchtliches Quantum der ethischen Problematik sozialer Berufe zum Ausdruck bringt. Gelebter, beruflich praktizierter Altruismus ist ein extremes Verhalten, durch das sich der Handelnde zum *anderen* hin entäußert, sich ganz auf den *anderen* und sein Interesse zentriert. Altruismus steht im diametralen Gegensatz zum Egoismus, einer Einstellung, die letztlich nur dem eigenen *Ich* und seinem Wohl Bedeutung beimißt.

Aber „die Extreme berühren sich", wie schon *Blaise Pascal* (1623–1662) in seinen „Pensées"[11] einst schrieb. Hinter jedem Altruismus kann sich – bewußt oder unbewußt – massiver Egoismus verbergen: Der andere, dessen Interesse vom Altruisten so sehr in den Mittelpunkt des Wollens und Handelns gestellt wird, daß das berechtigte Eigeninteresse des Altruisten zu verschüttet werden droht, gerät u.U. unmerklich in eine Abhängigkeit, der er sich letztlich kaum wieder entziehen kann. Und diese Abhängigkeit des anderen wird möglicherweise zur Droge der Selbstbestätigung für den Altruisten. Das bekannte Helfersyndrom hat hier eine seiner potentiellen tieferen Wurzeln. Die permanente Selbstüberforderung durch einen Altruismus, der die berechtigten Belange des eigenen Ich oder Selbst nicht respektiert, führt auf Dauer zum Kollaps.

Die Lebensweisheit antiker Denker propagierte daher im ethischen Verhalten den goldenen Mittelweg: weder Egoismus noch Altruismus, sondern *Wohlwollen gegenüber allen* Menschen.

Nur – und das ist das wahre Problem – was heißt das konkret, was bedeutet das im beruflichen Alltag? Gerade für die Praxis stellen sich hier ja erst die entscheidenden Fragen:

- Gibt es feststehende ethische Grundregeln des *Helfens*, die man nur lernen müßte, um sie bei Bedarf problemlos und mit sicherem Erfolg anwenden zu können?
- Lassen sich fundamentale ethische Normen der *Zusammenarbeit mit anderen* aufstellen, deren Befolgung immer richtig und deren Verletzung immer falsch ist?
- Liegt eine griffige Zusammenstellung konkreter ethischer Leitsätze personaler *Selbstverantwortung* vor, die mir beispielsweise sagen, bis zu welcher Grenze ich mich im beruflichen Alltag einzusetzen habe?

Verständliche Fragen an die Ethik. Die Antworten der Ethik werden aber nur dann einsichtig sein, wenn man weiß, *was Ethik ist,* was Ethik leisten will und kann, wo die Möglichkeiten aber auch die Grenzen der Ethik liegen. Das zu klären, muß also logischerweise der nächste Schritt sein.

---

[11] Blaise Pascal: Pensées, Fragment 84; die „Pensées" sind eine Sammlung von Gedankensplittern zu weltanschaulichen Themen. Ihre ursprüngliche Reihenfolge ist nicht bekannt.

2. Das Vorverständnis des „gesunden Menschenverstandes“ vom moralisch richtigen Handeln

Wenn die angehende oder aber auch schon mitten im Beruf stehende Sozialarbeiterin einen Blick auf den Berufskodex ihres Verbandes wirft, so versteht sie ihn, auch ohne je philosophische Ethik studiert haben zu müssen. Sie versteht ihn allerdings in ihrem Sinn, d. h. aus dem Horizont ihres „gesunden Menschenverstandes“, aus dem Wissen und der Lebenserfahrung, die sie mit zwanzig oder vierzig Jahren besitzt. Das gilt für die einzelnen Bestimungen dieses Kodex wie auch für ihn als ganzen.

Das persönliche Verständnis vom moralisch Richtigen spiegelt das jeweils eigene Welt- und Selbstverständnis wider, es entspricht dem Standpunkt der erreichten eigenen moralischen Entwicklung. Dabei läßt sich grundsätzlich zwischen *heteronomen* (fremdem Gesetz gehorchenden) und *autonomen* (eigenem Gesetz gehorchenden) Positionen unterscheiden.

Die *heteronomen* Einstellungen identifizieren das, was als moralisch gut bzw. schlecht verstanden wird, mit den nicht weiter hinterfragten Moralvorstellungen

a) des eigenen Kulturkreises, mithin der eigenen Gesellschaft (z. B. Befolgung der Blutrache, Praxis der Kindesaussetzung, Heiligkeit des Gastrechts usw.) oder aber

b) bestimmter Personen, Gruppen bzw. Institutionen, deren Autorität respektiert wird (z. B. kirchliche Fastengebote, Anordnungen charismatischer Führungspersönlichkeiten usw.);

c) eine für das vorliegende Thema besonders interessante Variante ist die Heteronomie ethischer Normen, die in kodifizierter Form, also etwa in Gestalt eines Berufskodex für Sozialarbeiterinnen und Sozialpädagoginnen vorliegen und ja keineswegs von allen gemeinsam aufgestellt wurden.

Je allgemeiner gehalten die betreffenden Moralvorstellungen sind, desto mehr verlangen sie natürlich das eigene Nachdenken, um in der konkreten Situation, um die es letztlich geht, zur Anwendung kommen zu können. Dieses in der Praxis notwendig werdende eigene Nachdenken kann die Heteronomie abschwächen. Je detaillierter und fallspezifischer (kasuistischer) die Moralvorstellungen sind, desto mehr ist ihre Befolgung mit der Gefahr eines blinden Gehorsams verbunden.

Autonome Vorstellungen des moralisch Richtigen liegen dagegen beispielsweise vor, wenn die Handlungsträger sich in ihrem Urteil

a) auf ihr persönliches Gefühl (z. B. Abscheu vor Grausamkeiten, Erbarmen mit Schwachen) oder aber

b) auf ihr Gewissen als letztentscheidende Instanz berufen.

Solange allerdings – und das gilt sowohl für die heteronomen wie auch für die autonomen Vorstellungen vom moralisch Richtigen – keine ausdrückliche kritische Reflexion einfließt, die jene Vorstellungen oder Gefühle einer Überprüfung unterzieht, ihre Gültigkeit bedenkt, so lange freilich kann von einem reifen moralischen Verhalten im engen Sinne kaum gesprochen werden. Das schließt selbstverständlich die Möglichkeit mit ein, daß durch das persönliche Nachdenken sogar bislang gehegte heteronome Überzeugungen und Vorstellungen bestätigt und so zu autonomen werden.

Gerade in Berufen, die es unweigerlich mit Entscheidungen zu tun haben, die das Wohl und Wehe anderer Menschen unmittelbar betreffen, ist die Stufe eines unreflektierten Vorverständnisses von dem, was als ethisch richtig gelten soll, zu überwinden. Der Erwerb ethischen Wissens, d. h. kritisch reflektierter Moral ist eine implizite Forderung von Professionalität.

3. Was ist Ethik?

3.1. Die Funktion ethischer Normen

Sigmund Freud hat bekanntlich von einer dreifachen Kränkung gesprochen, die der Menschheit durch den Erkenntnisgewinn der modernen Wissenschaften angetan worden sei. Astronomie, Biologie und Psychologie / Psychoanalye hätten die Illusion des Menschen zerstört, etwas Besonderes, nämlich Mittelpunkt des Kosmos zu sein, von Gott direkt als dessen Ebenbild geschaffen und dank seines Geistes zum Herrn der Erde bestimmt. Stattdessen die bittere Erkenntnis, als Quasi-Nichts auf einem Staubkorn namens Erde am Rande *einer* unvorstellbar großen Galaxie unter tausenden anderen im „ewigen Schweigen unendlicher Räume“[12] sinn- und ziellos zu kreisen, tierische Vorfahren zu haben und Spielball der eigenen Triebe zu sein. Hat *Freud* recht?

Der Mensch des ausgehenden zweiten Jahrtausends unserer Zeitrechnung fühlt sich in Wahrheit kaum noch im *Freud*'schen Sinne gekränkt; dafür hätte er jene Illusionen persönlich haben müssen; sie sind eher der „Schnee von gestern“. Aus Kränkungen wurden im Ablauf der Geschichte Wirkfaktoren menschlicher Emanzipation, und diese zeigt sich vielleicht nirgendwo deutlicher als in der Moral.

Der Mensch, der sich im Mittelalter noch als Mittelpunkt der Welt wähnte, fühlte den Blick eines richtenden Gottes auf sich ruhen, der permanent über die Einhaltung seiner Gebote wachte. Das Gewissen war die Stimme, der Herold dieses Gottes, der dem Menschen Vernunft geschenkt hatte, um seine Gesetze zu erkennen und wissentlich zu befolgen. Die ihm als Gebote Gottes religiös-sozial als Selbstverständlichkeiten vermittelten Normen gaben ihm vor, wie er sich zu verhalten und zu handeln hatte, *um* das Wohlgefallen Gottes *zu* finden. Moral wurde *theonom* (dem Gesetz Gottes gehorchend) und *teleologisch* (zweck- und zielbezogen) begründet, wurde vom durch Gott vorgegebenen Ziel menschlichen Lebens in der Rückkehr zu Gott her gedeutet, deren man sich als würdig zu erweisen hatte.

---

[12] Blaise Pascal: Pensées, Fragment 91.

In der emanzipierten Gesellschaft der Neuzeit und Moderne mit ihrer Vorliebe für das naturwissenschaftliche und d. h. zwar nicht ausschließlich, aber doch vorrangig *kausale* Erklärungsmodell stellt sich im Hinblick auf ethische Normen eine ganz andere Frage, die den Paradigmenwechsel deutlich werden läßt: Nicht „*Wozu* braucht der Mensch ethische Normen?" heißt die Ausgangsfrage, sondern „*Warum* benötigt er sie?" Nicht nach dem Sinn, sondern nach dem Grund der Notwendigkeit eines sich nach ethischen Normen ausrichtenden Handelns wird geforscht. Und dahinter steht schon immer stillschweigend die These, daß ethische Normen nicht etwas dem Menschen Vorgegebenes, von einem allmächtigen Wesen Aufgegebenes, sondern Schöpfungen seiner eigenen Kultur sind. Viele moderne Ethiker fragen zunächst nicht mehr, *wozu* ein Handeln gut sei, das absolut gültigen (weil z. B.von Gott selbst stammenden) Normen folgt, die dabei unhinterfragt bleiben. Sie interessieren sich vielmehr vorrangig für das Problem, *warum* es für den Menschen nötig war und ist, ethische Normen aufzustellen und was eigentlich die Funktion *derartiger* Normen ist.

Nicht der Blick nach vorn, auf den das eigene Verhalten dereinst richtenden und das jeweilige Schicksal jeder menschlichen Geistseele festlegenden Gott gibt die Antwort, sondern vom rückwärts gerichteten Blick auf die eigene tierische Vergangenheit wird die Antwort erhofft.

Ethik integriert sich nicht mehr in ein als selbstverständlich angenommenes religiös-theologisches Denken; sie stützt sich jetzt u. a. auf Ethologie und Kulturanthropologie, auf empirisch orientierte Wissenschaften. Die Frage „Warum produziert der Mensch ethische Normen?" spaltet sich bei dieser – den beobachtbaren Tatsachen größte Bedeutung beimessenden – Vorgehensweise sogleich in zwei präzise Unterfragen:

(1) Welche Ursachen erklären die kulturelle Produktion ethischer Normen überhaupt?

(2) Welche Ursachen erklären die unbestreitbare inhaltliche Vielfalt der produzierten ethischen Normen?

3.1.1. Die Notwendigkeit ethischer Normen überhaupt

Hilfe bei der Beantwortung der Frage nach den Gründen der kulturellen Produktion ethischer Normen erhofft sich der moderne Denker, wie gesagt, u. a. von der vergleichenden Verhaltensforschung.

Der Vergleich menschlichen Handelns, das ethischen Normen Folge leisten *kann*, und tierischen Verhaltens, das vorgezeichneten Bahnen (den Tendenzen der Instinkthandlungen) folgen muß, läßt die relative Freiheit des Menschen, seine „Instinktreduktion", wie *Arnold Gehlen*[13] (1904–1976) es nannte, zum wichtigen Element der gesuchten Erklärung werden.

Ethische Normen werden nach diesem Erklärungsmodell notwendigerweise produziert, weil die Instinktreduzierheit des Menschen partiell kompensiert werden muß. Evolutiv abgeschwächte oder verloren gegangene Verhaltensregeln der *Natur*, so könnte man es formulieren, müssen durch neu aufzustellende Handlungsregeln der *Kultur* ersetzt werden, wobei der Ersatz nur die formale Richtungsvorgabe betrifft, keineswegs bestimmte Inhalte berücksichtigen muß und vor allem nicht mehr die praktisch zwanghafte Befolgung bewirkt.

Ethische Normen, die eine Gesellschaft entwickelt und sanktioniert, sind zunächst situationsgebundene Verhaltensweisen, die sich in der Praxis offensichtlich bewähren. Sie werden – das ist der Kerngedanke der Institutionen-Theorie *Arnold Gehlens* – zu festen Einrichtungen der Gesellschaft, die eben damit

a) die Individuen von ansonsten jeweils notwendigen persönlichen Entscheidungen entlastet,
b) ihre Integration in die Gesellschaft erleichtert und
c) den Gruppenzusammenhalt stabilisiert.

Im Prinzip ähnlich argumentiert auch die Theorie der Symbolsysteme *Th. Luckmanns.*[14] *Luckmann* vergleicht die Praxis archaischer und moderner Gesellschaften. Die Menschen der archaischen Gesellschaft verbinden – neben den blutsverwandtschaftlichen Beziehungen, die das soziale Verhalten der einzelnen regeln, ihnen bestimmte Rechte und Pflichten auferlegen, – die gemeinsame mythologisch-religiöse Vorstellungswelt, die u. a. auch Handlungsnormen bereithält, die das Zusammenspiel der Gruppe an sich, aber auch gegenüber Fremden sowie übermächtigen Wesen (Göttern)

---

[13] Arnold Gehlen: a) Der Mensch. Seine Natur und seine Stellung in der Welt, Bonn 6. Aufl. 1958; b) Urmensch und Spätkultur, Bonn 2. Aufl. 1964; c) Anthropologische Forschung, Reinbek 1961; d) Moral und Hypermoral. Eine pluralistische Ethik, Bonn 1969.

[14] Theodor Luckmann: Zwänge und Freiheiten im Wandel der Gesellschaftsstruktur, in: H.-G. Gadamaer/P. Vogler, Hg.: Neue Anthropologie, Stuttgart 1972, III.

bestimmen sollen. Im weiteren Geschichtsverlauf und bei zahlenmäßigem Anwachsen der Gesellschaft wird sich das ändern. Hier aber läßt sich zunächst ein interessantes Zwischenergebnis festhalten: Die ursprünglichen ethischen Normen, die eine Gesellschaft hervorbringt, sind ihre *fundamentalen Gewohnheiten*, die sich in der Alltagspraxis aufgrund des mit ihrer Hilfe erzielten Erfolgs etablieren und eine gewisse Sicherheit im gegenseitig voraussehbaren Verhalten der einzelnen garantieren, die für ein Zusammenleben unabdingbar ist.

Diese ursprünglichen Normen werden zunächst gelebt, ohne in ihrer *Gültigkeit* hinterfragt zu werden. Was zählt ist ihre *Geltung*, die sie durch ihre Anerkennung haben. Sie sind verbindliche Verhaltensmuster, weil sie Teil der Symbolsysteme, d. h. Sinndeutungen der Welt sind, die jede archaische Gesellschaft in ihren mythischen und religiösen Vorstellungen sich schafft.

Die Sozialisierung, d. h. Einordnung des einzelnen in die Gesellschaft erfolgt stets im Horizont eben dieser Sinnzusammenhänge und vermittelt auf diese Weise auch schon jene Lösungen, die den Gang einer eventuellen persönlichen Suche festlegen. Die angebotenen Lösungsmuster wirken so authentisch und verhindern deswegen ihre Hinterfragung, weil sie

a) dem weltanschaulichen Gesamthorizont entsprechen, dem sich der einzelne nicht entziehen kann, weil sie

b) vom ersten Augenblick an vermittelt werden und das Sinndenken bestimmen und weil sie

c) permanent von der Gesellschaft bestätigt, nämlich sanktioniert werden.

Wenn im Sinne *A. Gehlens* von der Instinktreduziertheit des Menschen die Rede ist, so belegt dieser Ausdruck selbst die vorhin erwähnte Blickrichtung: sie geht zunächst vom Menschen zurück zum Tier, um den Menschen dann als Produkt einer Weiterentwicklung zu begreifen, im Verlauf derer die Instinkte sich zurückbildeten. Instinktreduziertheit ist in gewisser Sicht das biologische Äquivalent für den philosophischen Begriff relativer Freiheit, d. h. möglicher begrenzter Selbstbestimmung des Menschen.

Das Tier ist in seinen Verhaltensabläufen tendenziell festgelegt; bei entsprechender Bereitschaft (Hunger, Durst, Paarungszeit) wird durch einen bestimmten Reiz ein in seinem Albauf von vornherein festgelegtes Verhalten ausgelöst. Das Tier lebt im geschlossenen Kreis seiner Umwelt und sieht diese *Umwelt* immer und notwendig durch die Brille seiner Triebkonstitution:

Für die Katze ist und bleibt die Maus Beuteobjekt; sie wird in ihr nie ein possierliches Tierchen sehen können.

Der menschliche Intellekt – darauf verweisen bereits antike Denker – ist dagegen in der Lage, die räumlich-zeitlich gegebene Umwelt zu durchbrechen und einen Blick auf die Welt als ganze zu öffnen, genauer: die Idee der *Welt* zu verschaffen. Nicht nur – wie beim Tier und seinem Intellekt

- *gegenwärtige,*
- *wirkliche,*
- *besondere*
- und mehr oder weniger *räumlich nahe Dinge*

sind Gegenstand seines Wollens, das ihn vom Tier unterscheidet, sondern gerade und vor allem

- *zukünftige*
- vorerst nur *mögliche*
- *allgemeine*
- und *ferne Sachverhalte*:

Nachbars Waldi interessiert sich für den ganz bestimmten Jagdwurstzipfel, den ich jetzt vor seine Nase halte. Daß in zwei Tagen im Nachbarort ein Schlachtfest stattfindet, berührt ihn momentan überhaupt nicht. Irene Müller dagegen kann mit sechzehn Jahren den festen Willen haben, sieben oder acht Jahre später in einer völlig anderen Stadt als diplomierte Sozialpädagogin zu arbeiten.

Entscheidend ist, daß der Mensch – im Gegensatz zum Tier – zu diesem ihm erstrebenswert erscheinenden Sachverhalten zumindest im Prinzip auf Distanz gehen kann. Es ist ihm möglich, seine Wünsche kritisch zu bedenken und unter Umständen zurückzustellen oder gar aufzugeben. Er kann sich Ziele seines Handelns setzen, sie zum Gegenstand des Nachdenkens machen, sie untereinander abwägen, sich nach ihren Auswirkungen fragen – um sich schließlich für oder gegen sie zu entscheiden.

Menschliches Handeln – wenn es nicht im Affekt geschieht – wird nicht unabhängig vom Entschluß in Gang gesetzt. Darin liegt die Größe, aber auch das Problem; und hier gründet auch die praktische Notwendigkeit ethischer Normen überhaupt. Sie sind Leitlinien, die helfen sollen, sich für die richtige Handlung zu entscheiden, die der Mensch nicht mehr zwangsweise, instinktiv vollzieht.

Um es anders zu formulieren: Instinkte regeln das Verhalten eines reinen Naturwesens, d. h. eines Lebewesens, das mit der Natur (noch) eins, ja Teil der Natur ist. Ethische Normen sind Regeln des Handelns eines Wesens, das nicht mehr schlicht und einfach Teil der natürlichen Welt ist, sondern sich seine eigene Welt immer erst neu schaffen muß, dessen kulturelle Leistungen seine „zweite Natur“ (*Arnold Gehlen*) geworden sind.

3.1.2. Die kulturgeschichtlich notwendige Vielfalt gelebter ethischer Normen

Der Blick auf die *archaische* Gesellschaft, deren Phänotyp (Erscheinungsbild) man auch heute noch in gewissen isoliert lebenden Stämmen begegnen kann, zeigt die Urfunktion der Ethik und liefert die Antwort auf die Frage nach der Notwendigkeit ethischer Normen überhaupt: sie sagen dem menschlichen Individuum, wie es

a) sich als einzelnes,
b) innerhalb der Gruppe zu anderen und
c) gegenüber übermächtigen Wesen (Gottheiten) verhalten *soll;*

man kann sie zwar beschreiben, aber sie selbst sind keine Beschreibungen, sondern Vorschriften menschlichen Handelns.

Offen bleibt insofern jenes andere, bereits angesprochene Problem, warum es in Abhängigkeit von Raum (Kulturkreis) und Zeit (Geschichte) – zur Ausbildung gravierend unterschiedlicher, zum Teil sich krass widersprechender ethischer Normen gekommen ist. Aber die Lösung dieses Problems liegt im Grunde bereits im Gesagten parat: Wenn ethische Normen die seitens einer Gruppe adoptierten Gewohnheiten sind, die sich im alltäglichen Existenzkampf eben dieser Gruppe als erfolgreich durchgesetzt haben, so liegt es nahe, inhaltlich unterschiedliche ethische Normen dadurch zu erklären, daß nachgeschaut wird, ob die Bedingungen des jeweiligen Existenzkampfes unterschiedlicher Gruppen sich nicht relevant voneinander unterscheiden. Es könnte sein, daß die *objektiven* Lebensbedingungen (Geographie, Klima, Fauna und Flora usw.) voneinander abweichen, oder aber, daß die *subjektiven* Strukturen und Gegebenheiten der Gruppen selbst (Sterblichkeitsrate, Geburtenrate der Geschlechter, zur Verfügung stehende Techniken und handwerkliche Fähigkeiten, ihre Kontakte nach außen usw.) divergieren.

Als weiterer Erklärungsfaktor kommt hinzu die nicht zu vernachlässigende Eigendynamik einer jeden Kultur und ihrer ethischen Normen im Ablauf der Geschichte. Gerade auch die Einhaltung bestimmter Normen kann z. B. Konsequenzen haben, die über kurz oder lang zu Veränderungen führen, die ihrerseits wiederum neue

Verhaltensweisen und entsprechende Normen als sinnvoll erscheinen lassen.

Die Norm, dem Fremden Schutz und Gastrecht zu gewähren kann u.U. dazu führen, daß man seine kulturellen Gewohnheiten kennenlernt und mit den eigenen vergleicht, um womöglich die eigenen zu modifizieren. Friedliche Missionierung lebt von dieser Möglichkeit.

Und schließlich manifestiert sich im inhaltlichen Reichtum ethischer Normen – und das ist vielleicht die Kernursache – die innere Freiheit des Menschen, mit sich und der Welt und d. h. eben auch mit den Normen selbst umzugehen.

Ethnologische Feldforschung und empirische Anthropologie haben immer wieder die erstaunliche Fülle der von Kulturkreis zu Kulturkreis, von Geschichtsepoche zu Geschichtsepoche sich differenzierenden ethischen Normen herausgearbeitet. In der *modernen* Gesellschaft wird diese Tendenz durch das Phänomen der Segmentierung noch potenziert. *Theodor Luckmann* schreibt in diesem Sinne:

Das wichtigste Merkmal einer modernen Gesellschaft ist „... die Gliederung der Gesamtstruktur in institutionelle Bereiche, die ... auf bestimmbare und abgegrenzte Grundfunktionen ausgerichtet sind. Während in der archaischen Gesellschaft ökonomische, politische, religiöse und verwandtschaftliche Funktionen bloß Aspekte mehr oder minder einheitlicher Handlungsabläufe sind, bilden in der modernen Gesellschaft Wirtschaft, Herrschaft, Religion und Familie Handlungsstrukturen, die als spezialisierte Rollensysteme institutionalisiert sind.“[15]

Es geht hier nicht darum, alle nur denkbaren Faktoren aufzuzählen, die für die Ausdifferenzierung ethischer Normen als Erklärung dienen können und möglicherweise Gegenstand von verschiedenen Spezialwissenschaften sind. Im Zusammenhang der vorliegenden Untersuchung lautet die Frage eher, wie diese Vielfalt zu deuten und wie mit ihr als einem möglichen Grund persönlicher ethischer Unsicherheit umzugehen ist.

Eine weit verbreitete theoretische Reaktion auf die ethische Normenvielfalt sind der *ethische Relativismus*, der *Historizismus* und der *Ethnozentrismus*.[16] Wesentlich für diesen Standpunkt ist die Festschreibung der Normenunterschiedlichkeit als eine Konstante

---

[15] Theodor Luckmann: a.a.O., 188.

[16] „Ethischer Relativismus“ bezeichnet eine Auffassung, nach welcher die verschiedenen ethischen Normen und Prinzipien gleichwertig nebeneinander stehen und keinen Anspruch auf Allgemeingültigkeit erheben können.

des Menschseins. Anders ausgedrückt: er bewertet die empirisch zweifelsfrei feststellbare Normendivergenz als Beweis dafür, daß es keine allgemeingültigen ethischen Normen geben könne. Die Idee einer Menschheit, die – trotz kultureller Differenzen – eine gemeinsame Evolution durchlaufe, auf ein und dasselbe Entwicklungsziel (mit vielleicht gemeinsam als gültig anerkannten ethischen Normen) ausgerichtet sei, wird als „falscher Evolutionismus“ abgetan.

> (Die) „Proklamation der natürlichen Gleichheit aller Menschen und der Brüderlichkeit, die sie ohne Ansehen der Rasse oder der Kultur vereinigen sollte“[17]

wird als intellektuelle Illusion, als weltfremder Idealismus abgelehnt.

Betrachtet man diese Urteile kritisch, so stellt sich jedoch heraus, daß sie darauf hinauslaufen, die Funktion bestimmter ethischer Normen festzuschreiben und den Menschen, der sie doch gerade auf Grund seiner gegenüber der Natur gewonnenen (relativen) Freiheit hervorbringen konnte, nun zum Gefangenen seiner eigenen kulturellen Kurzsichtigkeit zu erklären. Das Urteil des ethischen Relativismus über die ethischen Normen und ihre notwendige Vielfalt und Divergenz gerät damit in eklatanten Widerspruch zur anthropologischen Voraussetzung (Freiheit) ethischer Normen überhaupt.[18]

Unter „Historizismus“ ist eine Position zu verstehen, welche die Relativität jeder geschichtlichen Wirklichkeit lehrt.
Die These des „Ethnozentrismus“ lehrt das gleichrangige Nebeneinander unterschiedlicher und letztlich nicht vergleichbarer, d. h. aneinander meßbarer Kulturen.

[17] C. Lévi-Strauss: Strukturelle Anthropologie, Frankfurt/M 1967, 370. Ähnlich wie Levi-Strauss sich gegen eine unkritische Identifikation von biologischer und soziologischer Evolution wendete, (vgl. a.a.O., 371 ff), so auch W. Schmidbauer: Biologie und Ideologie, Hamburg 1973, 72-88 sowie auch schon M.J. Herskovits: Statement on Human Rights, in: Amercian Anthropologist 49 (1947), 539-543.

[18] Die zutreffende Kritik der Kultur-Anthropologie am beobachtbaren ethischen Eigendünkel gesellschaftlicher Gruppen zwingt keineswegs zum ethischen Relativismus, sondern ist durchaus vereinbar mit einer übergreifenden solidarischen Ethik, die als eine fundamentale Norm das Toleranzgebot zu vertreten hätte. Toleranz sollte allerdings nicht als blindes Dulden einer jeden beliebigen Position mißverstanden werden, das sich unweigerlich schließlich selbst dort aufhebt, wo es auf aggressive Intole-

In den Normen empirischer Ethik sind Gewohnheiten, bewährte und deswegen angenommene Verhaltensmuster zu sehen, die als solche voraussetzen, daß die Menschen relativ frei sind und sich für bestimmte Verhaltensweisen entscheiden können. Solche angenommenen Gewohnheiten lassen sich ändern oder gar ablegen. Warum sollte es dann von vornherein ausgeschlossen sein, daß sich aus partiell-geltenden allgemein-geltende Gewohnheiten entwickeln und Menschen die Frage nach allgemeingültigen Normen stellen? Die Frage der Allgemeingültigkeit von Normen und ethischen Prinzipien sollte nicht verwechselt werden mit ihrer allgemeinen Geltung im Sinne ihrer Anerkennung durch alle Kulturen und menschliche Individuen. Der Verweis auf die bestehende Normenvielfalt, d. h. auf die Anerkennung von Gesellschaft zu Gesellschaft abweichender Normen ist daher keineswegs als Beweis der grundsätzlichen Unmöglichkeit allgemeingültiger Normen zu bewerten, deren Suche den philosophischen Ethiker interessiert.

3.2. Moralische Evolution: vorkonventionelle Moral – konventionelle Moral – nachkonventionelle Moral

Die kulturelle Produktion ethischer Normen – zunächst im Sinn angenommener Lebensgewohnheiten – hat, wie gesagt, ihre eigenen Voraussetzungen: Instinktreduziertheit (d. i. negative Freiheit, relative Freiheit *von* den Zwängen des Instinkts) und Geist (d. i. positive Freiheit, relative Freiheit, sich selbst *zu* bestimmten Zielen und Handlungen zu entscheiden). Der Mensch hat aufgrund dieser Fähigkeiten die Möglichkeit, die Idee eines Welt-Ganzen zu entwerfen, in dem er sich selbst als Handelndem eine Rolle zuspricht. Die entscheidende Aussage hierbei ist, daß die Rollenbestimmung, welche die Produktion von Verhaltensregeln verlangt, ein jeweiliges Welt- und Selbstverständnis einerseits voraussetzt, andererseits aber auch verbindlich macht.

Mit dieser Gedankenkette ist bereits die unbestreitbare Möglichkeit geschichtlicher Weiterentwicklung, die Eigendynamik morali-

---

ranz stößt. Toleranz steht für die Anerkennung jeder vernünftigen Position, die sich gerade dadurch als solche erweist, daß sie ihre Grenze dort zieht, wo die Freiheit des Andersdenkenden beginnt, der zu ebensolcher Toleranz bereit ist.

scher Evolution mitgedacht. (Eine Entwicklung, die in *Gehlens* Institutionen-Theorie übersehen, bzw. geleugnet wird.) Menschliche Freiheit macht nicht nur ethische Normen zur Verhaltensregelung notwendig, um den einzelnen vom ansonsten permanent belastenden Entscheidungszwang zu befreien und ein für jedes Zusammenleben wichtiges Fundament berechtigter gegenseitiger Verhaltenserwartungen zu schaffen; sie ist zugleich auch die Bedingung dafür, daß der Mensch sich selbst (bewußt oder unbewußt) derartige Normen schaffen und geben kann. Wenn das aber so ist, so wäre es absurd, diese für den Menschen offenbar wesentliche (relative) Freiheit von dem Moment an als nicht mehr gegeben zu betrachten, wo jene Normen vorliegen und sein Verhalten in bestimmte Bahnen lenken. Eine kausale Determination wird von jenen Normen ja gerade nicht ausgeübt, auch wenn sie durch die mit ihnen verbundenen gesellschaftlichen Sanktionen selbstverständlich einen starken Druck ausüben. Der Mensch *kann* dennoch – zumindest im Prinzip –

a) jenen Normen zuwiderhandeln und
b) diese Normen selbst in ihrer Richtigkeit in Frage stellen.

Die ethischen Normen einer Gesellschaft machen ohne allen Zweifel einen geschichtlichen Wandel durch, wie auch jedes menschliche Individuum im Verlauf seines Lebens eine moralische Entwicklung durchläuft, wobei es verführerisch, nicht aber unbedingt zwingend ist, beide Entwicklungsverläufe als miteinander verwandt anzusehen.

Mit der von *J. Piaget*[19] und *L. Kohlberg*[20] eingeleiteten, von *J. Habermas*[21] fortgesetzten Theoriebildung scheint sich folgende Parallelität oder Analogie abzuzeichnen: Gesellschafts- oder Menschheits-Moral wie auch individuelle Moral durchlaufen drei Entwicklungsstadien:

- vorkonventionelle Moral
- konventionelle Moral
- nachkonventionelle Moral,

die eine weitere Subdifferenzierung durchaus offenhalten, ja sinnvoll erscheinen lassen.

Die *vorkonventionelle* Moral wird menschheitsgeschichtlich in

---

[19] s. hierzu J. Piaget: Das moralische Urteil beim Kind, Frankfurt 1973.

[20] s. hierzu L. Kohlberg: Zur kognitivien Entwicklung des Kindes, Frankfurt 1974.

[21] s. hierzu J. Habermas: Zur Rekonstruktion des historischen Materialismus, Frankfurt 1976.

den archaischen Gesellschaften gelebt und beruht auf dem schlichten Prinzip der Gegenseitigkeit (z. B. des Tausches), das dabei durchaus noch strategischen Charakter hat, also Nützlichkeitserwägungen unterworfen ist. Mit dem kräftemäßig Überlegenen oder Gleichstarken tauscht man, dem Schwächeren nimmt man, was man braucht oder wünscht.

Es folgt die Stufe der *konventionellen* Moral, der wir geschichtlich in den frühen Hochkulturen begegnen. Hier kommt die Institutionalisierung der Normen zur entscheidenden Geltung, die sich weiterhin, wenngleich in subtilerer Form - nach dem Maßstab der Nützlichkeit richtet.[22]

Schließlich beginnt relativ spät - etwa um die Mitte des letzten Jahrtausends vor unserer Zeitrechnung - die Phase der *nachkonventionellen* Moral. Sie wird eingeleitet mit der von herausragenden Geschichtsgestalten vorgetragenen kritischen Durchleuchtung der Institutionenmoral. Die Konventionen werden nunmehr auf ihre Vernünftigkeit hin befragt. Diese Phase dauert bis heute an.[23]

Auch *L. Kohlbergs* berühmtes Stufenschema der individuellen Moralentwicklung unterscheidet drei Entwicklungsebenen, die allerdings noch jeweils zweistufig ausdifferenziert sind:

- *Vorkonventionelle Ebene:*

Stufe 1: Orientierung an Strafe und Gehorsam;
Stufe 2: Instrumental-relativistische Orientierung;

- *Konventionelle Ebene:*

Stufe 3: Interpersonale Konkordanz oder „good boy - nice girl"-Orientierung;

---

22 Eines der berühmtesten Theorie-Beispiele hierzu - aus dem Bereich der Politik - ist die Staats-Theorie des Thomas Hobbes (1588-1679), nach der die staatliche Gesetzgebung sich zwischenmenschlicher Konvention verdankt, und zwar aus der reinen Nützlichkeits-Erwägung, nur auf diesem Wege das persönliche Leben und Eigentum wirksam schützen zu können.

23 In seinem Werk „Vom Ursprung der Geschichte" (Frankfurt-Hamburg 1955) prägte Karl Jaspers den Begriff der „Achsenzeit", um damit das achte bis vierte Jahrhundert v.u.Z. als jene bedeutsame Zeitspanne zu bezeichnen, die durch das Auftreten kulturgeschichtlich wichtiger Persönlichkeiten in Indien (Buddha Gotama und Jaina), China (Lao-Tse, Kon-Fu-Tse und Me-Ti), Persien (Zarathustra), Israel (Elias, Elisa, Jesajas, Jeremias, Hesekiel u. a.) und Griechenland (Pythagoras, Heraklit, Parmenides, Sokrates u. a.) sich auszeichnet: Religionsstifter, Propheten und Philosophen, die ein neues ethisches Denken begründeten bzw. zu einem ethischen Umdenken aufriefen.

Stufe 4: Orientierung an „Gesetz und Ordnung“;
– *Nachkonventionelle Ebene:*
Stufe 5: Legalistische Orientierung am Sozialvertrag;
Stufe 6: Orientierung am universalen ethischen Prinzip.[24]

Kohlberg war der festen Überzeugung, daß diese Entwicklungsphasen – unabhängig von allen kulturellen Unterschieden – im Prinzip von jedem menschlichen Individuum bei entsprechendem Alter durchlaufen werden, und zwar in eben dieser Reihenfolge.[25] Diese Meinung *Kohlbergs* steht natürlich nicht unwidersprochen im Raum; für einige ist sie gar Ausdruck eines unausgesprochenen, unterschwelligen Überlegenheitsanspruchs abendländischer Kultur („Eurozentrismus“). Vor allem richten sich auch – aus naheliegenden Gründen – Stimmen gegen *Kohlbergs* These, die aus dem Lager des Ethnozentrismus und des ethischen Relativismus kommen.

Letztlich kann diese Frage an dieser Stelle ruhig offen bleiben. Sie ist dort ohne entscheidende Bedeutung, wo weniger die Beschreibung des Ist-Zustandes interessiert, als vielmehr das Problem ansteht, ob es auch einen Bereich des Sollens gibt, dessen Verbindlichkeit allgemein ist. Angewandt auf das Phänomen moralischer Entwicklung lautet dann die Frage: Ist jede Stufe moralischer Entwicklung, ist jeder Entwicklungsverlauf, jedes Entwicklungsziel einfach nur feststellbar und beschreibbar, und reihen sie sich völlig gleichberechtigt ein in die Reihe der anderen? Oder gibt es feststellbare und zu beachtende qualitative Unterschiede, die zur Schlußfolgerung zwingen, daß bestimmte fundamentale ethische Normen allgemeingültig sind und daher auch allgemeine Geltung haben sollten, so daß die moralische Entwicklung so gelenkt werden und verlaufen sollte, daß jedes Individuum auf eben diese Stufe und zu eben jenen Normen geführt werden würde?

Ist es – um ein besonders deutliches Beispiel zu geben – einerlei, ob ich die gesellschaftliche Norm anerkenne, daß Fremde keine Menschen sind und getötet werden dürfen, oder ob ich die sozusagen weltbürgerliche Norm anerkenne, daß jeder Angehörige der Spezies Mensch eben auch als Mensch zu gelten hat und zu achten ist?

Dabei geht es darum, herauszufinden, ob derartige Normen sich

---

[24] L. Kohlberg: Zur kognitiven Entwicklung des Kindes, Frankfurt 1974, 60 ff.

[25] s. hierzu K.-O. Apel: Diskurs und Verantwortung. Das Problem des Übergangs zur postkonventionellen Moral, Frankfurt 1990, 361 ff.

aus dem Grundgedanken von „Ethik“ allgemeinverbindlich und gerade nicht schon aus der Perspektive nur einer ganz bestimmten Ethik finden und begründen lassen.[26]

Es ist klar, daß mit der These allgemeingültiger ethischer Normen die Ethik einen völlig anderen Stellenwert, einen gänzlich anderen Charakter zugesprochen erhält. Ethische Normen sind dann nicht einfach deswegen sakrosankt und zu befolgen, weil sie von einer Gesellschaft produziert und sanktioniert werden. Die Richtigkeit (Gültigkeit) ethischer Normen erhält jetzt ihren ureigenen Maßstab: Es ist der Anspruch unbedingter Gültigkeit, der in ihnen selbst zum Aufschein kommt und einsichtig ist. Die Suche nach derartigen Normen, deren Begründung das Hauptproblem darstellt, ist der erklärte Gegenstand der sogenannten normativen Ethik.

Damit stehen wir vor einem sehr wichtigen Unterschied, der die Art und Weise betrifft, wie Ethik betrieben werden kann, und dessen Kenntnis mitverlangt ist, wenn es zu begreifen gilt, was Ethik ist.

3.3. Differenzierung der Ethik: Empirische Ethik – normative Ethik – Metaethik

„Ethik“ ist ein Wort der griechischen Sprache und bedeutet weitgehend dasselbe wie das aus dem Lateinischen stammende Wort „Moral“ oder das deutsche Wort „Sitte“. Sie alle beziehen sich auf die Tatsache, daß Menschen, die einen gemeinsamen Wohn-Sitz haben, auch gemeinsame Gewohnheiten entwickeln, die ihren Zusammenhalt zu sichern und für ihren Existenzkampf Erfolg zu versprechen scheinen. Die Gruppe lebt in der Erwartungshaltung, daß jedes ihrer Mitglieder sich im Rahmen dieser Gewohnheiten verhält. Ethische Normen sind also im weitesten Sinne Regeln, die der einzelne befolgen *soll.*

Empirische Ethik, normative Ethik und Metaethik haben im Hinblick auf diese Normen unterschiedliche Interessen und Fragestellungen:

(1) *Empirische Ethik* ist weniger das Interessensgebiet der Philosophie als der Volkskunde und Kulturanthropologie, auch Soziologie, also jener Wissenschaften, die sich mit den Gepflogenheiten real-existierender Gesellschaften befassen und, von ihrer Methode

[26] s. Kapitel 5.3.2.1.

her betrachtet, deskriptiv sind. Die tatsächlichen Lebensgewohnheiten einer Menschengruppe, eines Volkes, einer historischen Gesellschaft lassen sich beobachten und beschreiben, wobei sich allerdings die bekannte Frage stellt, ob ein objektiver Beobachter, ein Außenstehender wirklich in der Lage ist, die Sinnzusammenhänge zu durchschauen, ob das nicht gerade dem Eingeweihten vorbehalten ist, der aber wiederum aufgrund seiner immer schon gegebenen „Befangenheit“, seines notwendigen Involviertseins nicht mehr zur objektiv-nüchternen Beschreibung fähig ist.[27]

Fraglos haben alle geschichtlichen Gesellschaften, auch die europäischen des ausgehenden zwanzigsten Jahrhunderts, ihre eigenen Normen. Das Problem pluralistischer Gesellschaften liegt allerdings in ihrer Normenvielfalt, die durchaus Widersprüche einschließt. Was die eine Gruppe für goldrichtig hält, stößt u.U. auf den heftigen Protest, ja Abscheu der anderen. Die vielschichtige, in sich differenzierte moralische Vorstellungswelt einer pluralistischen Gesellschaft beschert ihren Mitgliedern in gewisser Weise die alltäglich mögliche Erfahrung, die frühere Generationen nur in der – mitunter nicht ungefährlichen – Konfrontation mit anderen Kulturen, also etwa in der Ausnahmesituation des Forschungsreisenden machen konnten.

Die Normenvorstellungen fremder Kulturen, auch Subkulturen können sowohl anziehend wirken, wenn sie den eigenen ähneln, als auch durchaus abstoßen, wenn sie den eigenen zuwiderlaufen und die Gründe ihres Hervorbringens nicht bekannt sind.

So empfinden wir beispielsweise Respekt angesichts aufopferungsvoller häuslicher Altenpflege durch Familienmitglieder, und Politiker diskutierten jahrelang über die Modalitäten einer Pflegeversicherung, weil wir überzeugt sind, daß der alte Mensch ein seiner Menschenwürde gemäßes Leben verdient. Mit Erschrecken lesen wir dagegen Berichte über die Lebensgewohnheiten der Eskimos früherer Zeiten, die ihre Alten in der Eiswüste allein ließen und genau das für ebenso richtig und verantwortlich hielten, weil es dem Überleben oder Wohl der Nachkommen unter härtesten Existenzbedingungen diente.

Derartige Normen empirischer Ethik, d. h. die Lebensgewohnheiten eines Volkes lassen sich beobachten und beschreiben; sie lassen sich aber auch in Frage stellen. Umgekehrt können die in einem fremden Volk beobachteten Normen auch die dem Beobachter eigenen Normen fragwürdig erscheinen lassen.

[27] s. hierzu J. Habermas: Theorie des kommunikativen Handelns, Frankfurt 1981, I, 159-160.

Um auf unsere pluralistische Gesellschaft zurückzukommen: die Konfrontation mit differenzierten und dabei möglicherweise auch gegensätzlichen Normen empirischer Ethiken erleben hier in besonderem Maße Angehörige sozialer Berufe, deren Aufgabe es ist, Entscheidungen zu fällen, die das Schicksal anderer Menschen – auch unterschiedlicher (sozialer und nationaler) Herkunft und mit sehr differenziertem Verständnis dessen, was als ethisch richtig zu gelten hat – betreffen. Dieses Erleben kann heilsam verunsichern und die Frage aufkommen lassen, ob es nicht – neben oder in den Normen empirischer Ethik – auch allgemeingültige ethische Prinzipien gibt, deren weltweite Anerkennung durchgesetzt werden sollte.

(2) Genau mit dieser Frage befaßt sich die ***normative Ethik.*** Sie untersucht nicht, nach welchen ethischen Normen sich die Angehörigen irgendeiner Gesellschaft richten und wodurch sie sich *de facto* dazu motivieren lassen. Normative Ethik ist nicht beschreibend, sondern vorschreibend: die Regeln, die sie aufzustellen versucht, haben nicht nur eine – temporal und lokal – eingeschränkte Geltung, die letztlich immer von irgendeiner Anerkennung abhängig wäre. Ihr Anspruch ist übergreifend. Er gründet nicht in Anerkennung, die Geltung nach sich zieht, sondern in ihrer erkannten objektiven Gültigkeit, die Anerkennung fordert.

(3) Schließlich gibt es die ***Metaethik***, die sich mit der Klärung bestimmter sprachlicher Ausdrücke befaßt, die in der Ethik verwandt werden. U.a. mit Hilfe der Sprachanalyse beschäftigt sie sich vor allem auch damit, den Bedeutungsgehalt und die logische Struktur ethischer Urteile zu klären. Auch sie ist ein wichtiger Bestandteil philosophischer Ethik. Der folgende Abschnitt zu Grundbegriffen ethischen Denkens gehört beispielsweise in die Metaethik.

3.4. Grundbegriffe der Ethik

An dieser Stelle geht es um grundsätzliche Begriffe, die für jedes ethische Denken, also auch für alle weiter unten vorgestellten Ethikmodelle unabdingbar sind, nicht um die schon etwas spezielleren Begriffe, die nur für dieses oder jenes Modell von Bedeutung sind und auf die daher, wo nötig, an betreffender Stelle näher eingegangen werden muß.

3.4.1. Norm – Wert – Urteil

3.4.1.1. Allgemein

(1) Es bietet sich an, vom Begriff der ***Norm*** auszugehen, der nun schon des öfteren auftauchte und auch aus anderen Bereichen des Alltagslebens durchaus bekannt ist. Normen allgemein sind Leitlinien des Handelns, deren Anerkennung und praktische Befolgung u. a. Einklang zwischen den Handelnden und ein reibungsloseres Funktionieren der Handlungsabläufe selbst garantieren sollen. Wir treffen praktisch überall auf Normen, wo Menschen sich handelnd begegnen: in der Technik, in der Medizin, in den Wissenschaften ebenso wie in Religion und Kunst. In gewissem Sinn sind auch klare (philosophische) Begriffe Normen der Verständigung.

Ethische Normen sind Leitlinien eines ganz bestimmten Handelns, nämlich *des* Handelns, das „gut" ist, weil es bestimmte Werte bejaht. Normen, die ein solches Handeln vorschreiben, schützen also Werte, schreiben die Respektierung von Werten vor. So sanktioniert z. B. die ethische Norm „Morde nicht!" den Wert des menschlichen Lebens. „Lüge nicht" verteidigt den Wert der Wahrheit. „Stiehl nicht!" schreibt vor, den Wert des Eigentums zu achten.

(2) Was aber sind ***Werte***? Das ist bereits eine schwierige philosophische Frage. Im Grunde trennen sich hier die Geister. Die einen sehen in Werten etwas objektiv Geltendes[28] oder eine objektive Qualität, eine Eigenschaft.[29] Für andere ist der Wert einer „Sache" nur subjektiv gegeben, nämlich dadurch, daß ein Mensch – aus welchen Gründen auch immer – sie als wertvoll einstuft, also entsprechend schätzt. Für die einen gibt es Werte an sich, die der Mensch allenfalls als solche erfassen kann, für die anderen gibt es lediglich menschliche Wertungen, Wertschätzungen, und die Rede von Werten erweckt nur die Illusion, daß es auch unabhängig vom wertenden Menschen Werte gäbe.

---

[28] s. hierzu den Standpunkt der Phänomenologen E. Husserl, M. Scheler, N. Hartmann sowie der Neukantianer W. Windelband und H. Rickert u. a.

[29] s. hierzu den Standpunkt der Neuscholastiker A. Dempf, J. Mausbach und J.B. Lotz u. a.

In der gegenwärtigen Diskussion, auch in den aktuell vertretenen Ethikmodellen spielt die letztgenannte, die subjektive Wertauffassung eine größere Rolle.[30]

Dabei ist allerdings noch zu differenzieren: zwischen individueller und sozialer Wertschätzung. Das, was der einzelne Mensch für wertvoll hält, richtet sich höchstwahrscheinlich nach seinen – nicht zuletzt situativ beeinflußbaren – Bedürfnissen.

Für den Verdurstenden ist Wasser ein hohes Gut, hat einen kaum zu überschätzenden Wert. Uns wird das erst mit steigenden Verbraucherkosten wieder allmählich bewußt gemacht. Aber auch unabhängig von Lebenssituationen variiert die Wertewelt mehr oder weniger von Mensch zu Mensch. Für den einen ist der volle Tisch das Non-plus-ultra, für den anderen der echte Rembrandt, für einen dritten die öffentliche Anerkennung und Ehre, für seinen Nachbarn die wissenschaftliche Erkenntnis, die religiöse Erfahrung oder die Würde des Menschen.[31]

Diese persönlichen Wertungen, die oft in einem höchsten Wert gipfeln, sind allerdings nicht völlig abzukoppeln von den Wertungen der Gesellschaft, in welcher der einzelne lebt. Mit den sozialen Wertvorstellungen wächst das Individuum auf, sie sind Elemente der Sinnwelt, die ihm durch Erziehung, Ausbildung und das schlichte alltägliche Zusammenleben mit anderen vermittelt werden und sozusagen zu seiner „zweiten Natur“ werden. Nur im Rahmen der gesellschaftlich anerkannten und sanktionierten Werte hat der einzelne Spielraum, seine eigenen Wertungen vorzunehmen, wenn er nicht zum schrulligen Außenseiter abgestempelt oder aber gar ein Ausgestoßener werden will.

Hinsichtlich der Werte hat sich eine begriffliche Differenzierung eingebürgert zwischen:
- Dienstwerten
- Selbstwerten und
- höchstem Wert.

„Dienstwerte“ haben funktionale Bedeutung, sie werden als Mittel geschätzt, zum eigentlichen Ziel, zu den „Selbstwerten“ zu gelan-

---

[30] Deswegen ist in eben diesem Zusammenhang die Position von H. Jonas besonders interessant, der in seinem bedeutenden Werk „Das Prinzip Verantwortung. Versuch einer Ethik für die technologische Zivilisation“ (Frankfurt 1979) eine objektivistische Wert-Theorie vertritt; vgl. hierzu vor allem das Kapitel 3 „Über Zwecke und ihre Stellung im Sein“.

[31] s. hierzu Aristoteles: Nikomachische Ethik, Buch I.

gen, die um ihrer selbst willen erstrebt werden. An der Spitze der Wertehierarchie steht dann häufig ein „höchster Wert“, auf den alles Streben sich letztlich ausrichtet und dem alle anderen Werte letztlich untergeordnet sind . . .[32]

Konsumgüter beispielsweise sind vernünftigerweise keine Selbstwerte, sondern Dienstwerte. Sie sollen dem Menschen, der seinerseits einen Wert an sich, einen Selbstwert darstellt, dienen, ein Leben zu führen, das ihm erlaubt, sich seinen höheren, geistigen Interessen zu widmen. Höchster Wert könnte, um bei diesem Beispiel zu bleiben, das Allgemeinwohl sein, das darin bestünde, daß allen Menschen das oben definierte Leben möglich wäre.

(3) In der ethischen ***Beurteilung*** von Handlungen und Verhaltensweisen wird die Befolgung oder Verletzung gebietender oder verbietender Normen und damit die Respektierung oder Mißachtung von Werten festgestellt, die durch jene Normen geschützt werden sollen. Ethische Urteile bringen damit immer – direkt oder indirekt – die Werte zur Sprache, die der Urteilende anerkennt.

Ethische Urteile haben im Gegensatz zu anderen Urteilen, die der Mensch fällen kann, typische Merkmale:

1. Sie beziehen sich auf das Handeln und Verhalten von Menschen gegenüber Menschen (d. h. gegenüber sich selbst oder anderen), möglicherweise auch gegenüber übermächtigen quasi göttlichen Wesen, an die der Handelnde glaubt.

Daß der Zugang zu einem Saal versperrt wird, gibt so lange keinen Grund für ein ethisches Urteil, wie diese Aktion keinen Menschen betrifft. Dient der Saal aber beispielsweise der Freizeitgestaltung einer Jugendgruppe, so ist seine willkürliche Schließung zu einer Zeit, in der er den Jugendlichen zur Verfügung stehen sollte, ethisch abzulehnen.

2. Ethische Urteile haben in den Augen dessen, der sie fällt, bedingungslose (kategorische) Gültigkeit.

Das Urteil, daß es nicht gut sei, ein Kind zu mißhandeln, soll ohne jede Einschränkung, ohne jedes „wenn und aber“ gelten und nicht etwa nur deswegen, weil die Nachbarn es sehen und Anzeige erstatten könnten.

3. Sie erheben aus der Sicht des Urteilenden den Anspruch, allgemeingültig zu sein, d. h. nicht nur für die jeweils beurteilte konkrete Handlung, sondern
a) für alle vergleichbaren zuzutreffen und

---

[32] s. hierzu Aristoteles: Nikomachische Ethik, Buch I und X, 6-9.

b) der Zustimmung aller vorurteilsfrei Urteilenden sicher zu sein.

Die Ablehnung der Kindesmißhandlung gilt allen Kindern gegenüber und wird sozusagen im Namen aller Vernünftigen zum Ausdruck gebracht, soll keineswegs nur als subjektive Meinungsäußerung verstanden werden.

3.4.1.2. Sichtweisen der empirischen Ethik, der normativen Ethik und der Metaethik

Werte, Normen und Urteile spielen selbstverständlich sowohl in der empirischen (deskriptiven) Ethik als auch in der normativen (kritischen, reflektierten) Ethik und in der Metaethik eine Rolle, die allerdings den speziellen Anliegen dieser Ethiken entspricht:
Die ***empirische Ethik*** beschränkt sich auf die Beschreibung der in einer zu einem bestimmten Zeitpunkt existierenden Gesellschaft durch ethische *Normen* tatsächlich sanktionierten *Werte*, die sich in den *Urteilen* der Menschen eben dieser Gesellschaft widerspiegeln. Sie lassen sich durch sozialempirische Untersuchungen herausfinden und statistisch erfassen.

Die ***normative Ethik*** fragt nach *Werten*, die es objektiv verdienen würden, allerseits anerkannt zu werden. Sie sucht nach allgemeingültigen *Normen*, die sich als solche begründen lassen, und leitet von jenen Werten und Normen die *Beurteilung* von Handlungen als gut oder schlecht ab.

Die ***Metaethik*** schließlich beschäftigt sich mit dem Problem, was eigentlich mit derartigen Begriffen wie „*Wert*“ und „*Norm*“, „gut“ und „sollen“ gemeint ist und was der Sprechende womöglich wirklich bezweckt, wenn er ein ethisches *Urteil* ausspricht.[33]

3.4.2. Motivation – Prinzip – Ziel

3.4.2.1. Allgemein

Diese drei wichtigen ethischen Begriffe lassen sich am leichtesten dadurch erklären, daß man sich die Fragen bewußt macht, auf die sie sozusagen die Antworten darstellen.

(1) Die **Motivation**, der Beweg-Grund ethischen Handelns gibt Antwort auf die Frage, *warum* der Mensch ethisch handelt, was ihn

---

[33] s. hierzu C.L. Stevenson: Ethics of Language, New Haven 1944, J.J. Urmson: The Emotive Theory of Language, 1968 und R.M. Hare: Die Sprache der Moral, Frankfurt 1972.

zum ethischen Handeln bewegt, was ihn die ethische Last tragen läßt, was ihn treibt, ethische Normen zu befolgen, auch wenn dies u.U. mit größten Nachteilen verbunden sein sollte. (Diese Frage sollte nicht verwechselt werden mit der ganz anderen, die bereits weiter oben berührt wurde: warum ethische Normen überhaupt nötig sind.)

Motivation kann z. B. der Wunsch sein
- *die bestehende ungerechte Welt zu verbessern*
- *öffentlich als Vorbild anerkannt zu werden*
- *oder nach dem Tod Belohnung für gute Taten zu finden.*

(2) Das ***Prinzip*** ethischen Handelns ist der Grundsatz, der allgemeine Leitsatz einer Ethik, der Kern, der Grundgedanke ihrer Normen. Das Prinzip antwortet auf die Frage, *was* das Wesen jedes ethischen Handelns ausmacht.

Wohl bekanntestes Beispiel ist die in so gut wie allen Kulturen anzutreffende „Goldene Regel": Was du nicht willst, das man dir tu', das füg' auch keinem andren zu.

(3) Das ***Ziel*** ethischen Handelns weist schließlich aus, wohin ethisches Handeln führt; es ist die Antwort auf die Frage, *wozu* es selbst gut ist. Dabei kann und muß unterschieden werden zwischen

a) einem subjektiven Ziel, d.i. die Absicht, welche die moralisch Handelnde mit ihrer Moralität verbindet (*Intention*) und

b) dem objektiven Ziel, auf das Moralität überhaupt ausgerichtet ist (*Finalität*).

Ziel kann also u. a. sein:
- *eine utopische Gesellschaft allgemeinen Glücks*
- *die Selbstverwirklichung des moralischen Menschen, bzw. die Moralität selbst*
- *die ewige Glückseligkeit.*

3.4.2.2. Sichtweisen der empirischen Ethik, der normativen Ethik und der Metaethik

Die ***Metaethik*** betreibt hier wieder Begriffsklärung, und zwar auch gerade im Hinblick auf den alltäglichen Sprachumgang mit den genannten Begriffen. (Darauf soll hier nicht weiter eingegangen werden, weil dies wohl doch eher für die philosophische Fachwelt interessant sein mag.)

Von durchaus praktischem Interesse ist dagegen ein Blick in die ***empirische Ethik***, zumal deswegen, weil hier ein nicht unbedeutsamer Übergang zur normativen Ethik feststellbar ist. Die empirische Ethik schränkt sich, wie schon gesagt, auf die Tatsachenwelt ein.

Sie bemüht sich also nicht, herauszufinden, was der Beweggrund des Handelns sein *müßte*, um diesem – bei kritischer Betrachtung – ethische Qualität zusprechen zu können. Sie begnügt sich damit, festzustellen, aus welchen Gründen die Menschen den Verhaltens-Normen folgen. Die unterschiedlichen Human- und Sozialwissenschaften, die sich u. a. auch mit dem Problemfeld empirischer Ethik befassen, verweisen hier auf die Rolle der Sozialisation, auf die Bedeutung des Aufwachsens in einem ganz bestimmten Milieu, in einer Sinn- und Lebenswelt, auf den formenden Einfluß bestimmter Personen und Schlüsselerlebnisse, auf spezielles Triebverhalten u.ä. Die Psychologie hat einen wichtigen Beitrag geleistet, indem sie – durchaus empirisch orientiert – eine moralische Entwicklung des Menschen aufgezeichnet hat, die deutlich macht, daß die Beweggründe, aber auch die Prinzipien und Intentionen ethischen Handelns im Leben eines Menschen i.d.R. einen Wandel durchmachen. Die Gründe, die den einzelnen dazu bewegen, sich nach empirisch-ethischen Normen seines sozialen Umfelds zu richten, ändern sich nach einem Muster. Weiter oben wurde bereits das Entwicklungsschema *L. Kohlbergs* erwähnt.

Um dieses Schema richtig zu verstehen, ist es sinnvoll, sich gleich zu Beginn klarzumachen, was eigentlich mit moralischer Entwicklung in diesem Zusammenhang gemeint ist. Nicht darunter verstanden werden sollte die zunehmende moralische Besserung des Menschen, so daß am Ende der Entwicklung quasi Heilige vor uns stünden. Mit moralischer Entwicklung ist vielmehr die beobachtbare Tatsache umschrieben, daß die Menschen mit zunehmendem Alter nach anderen Kriterien das beurteilen, was sie für ethisch richtig halten. Das Schema zeigt eine deutliche Verlagerung im Laufe der Entwicklung:

- von der motivierenden Kraft des Lustgefühls zur Vernunfteinsicht,
- von der Fremd- zur Selbstaufforderung (von heteronomer zu autonomer Moral) und
- von der Ich-zentrierten Perspektive zur Suche nach Allgemeingültigkeit.

Kohlbergs Schema kann mit den drei weiter oben bereits kurz erklärten ethischen Grundbegriffen folgendermaßen aufgeschlüsselt werden:

Motivation	Prinzip	Ziel
1. Streben nach Belohnung und Vermeidung von Strafe	Gut ist, was Strafe vermeidet und eigene Lust optimiert	Eigener Lustgewinn
2 Streben nach Bedürfnisbefriedigung	Gut ist, was die eigene Bedürfnisbefriedigung optimiert	Eigene Bedürfnisbefriedigung
3. Streben nach Zustimmung und Anerkennung	Gut ist, was andere billigen	Zufriedenheit der anderen und dadurch Anerkennung
4. Streben nach Wahrung der bestehenden Ordnung	Gut ist, was der gegebenen Ordnung und ihren Normen entspricht	Einhaltung der bestehenden Ordnung
5. Streben nach demokratischer Rechtsordnung	Gut ist, was der gesellschaftlichen Überprüfung standhält	Herstellung einer überprüfbaren und u.U. korrigierbaren Rechtsordnung
6. Streben nach einer gerechten Welt	Gut ist, was die Allgemeingültigkeit beanspruchenden Normen des eigenen Gewissens befürworten	Förderung des Gemeinwohls

An diesem Schema läßt sich ablesen, was teils für alle Entwicklungsstufen gemeinsam zutrifft, teils für ganz bestimmte spezifisch ist.

a) Sehr deutlich wird zum einen, daß das jeweils bejahte Ziel moralischen Handelns – bewußt oder unbewußt – in die Motivation einfließt, wobei es allerdings zum einen eher affektiv, zum anderen rational geprägt ist. In dieser Sicht ließe sich auch eine mehr oder weniger deutliche Trennlinie ziehen zwischen den ersten und den letzten drei Stufen! Jedenfalls scheint sich empirisch-ethisches Handeln nach Kohlberg durch eine Erfolgsorientierung, d. h. durch eine Ausrichtung nach ganz bestimmten Handlungserfolgen bestimmen zu lassen (wenngleich – aber doch viel bedeutungsschwächer – auch die Gesinnung, so z. B. auf der dritten Stufe, eine gewisse Rolle zu spielen vermag, um das moralische Handeln anderer zu beurteilen.)

Die Entwicklung führt weiterhin, wie bereits gesagt,

b) von heteronomer zu autonomer Moral sowie

c) von einer eindeutig egoistischen (Stufen 1 und 2) über eine zum Altruismus neigende (Stufen 3 und 4) zu einer das Wohl aller anstrebenden (Stufe 5 und vor allem Stufe 6) Einstellung.

Da diese Entwicklung sich wesentlich der Sozialisation zu verdanken hat, scheint die Möglichkeit eines gefährlichen Zirkelschlusses zu bestehen. Es ließe sich die These vertreten, daß die Normen, die auf der sechsten Stufe als allgemeingültig anerkannt werden, im Grunde identisch sein müssen mit den Normen, die in der Gesellschaft anerkannt werden, weil die moralische Entwicklung zu dieser Stufe in der Gesellschaft stattfindet und dabei immer schon die sozialen Denkweisen und Sinngebungen vermittelt werden. Ein Ausbrechen aus diesem Zirkel schiene ausgeschlossen.

In Wahrheit bietet die entscheidende sechste Stufe moralischer Entwicklung die wichtige neue Möglichkeit, den Zirkel sozialer Einflußnahme auf die individuelle kritische Reflexion zu durchbrechen. Der einzelne kann im Prinzip zur Erkenntnis gelangen, daß er aufgrund seiner Sozialisation eben gerade jene Normen für die richtigen hält, die ihm angewöhnt wurden und in deren Denkweise er aufgewachsen ist. Hier einmal angelangt, ist die Chance gegeben, daß er – sozusagen für sich, lebenspraktisch – normative Ethik betreibt. Was das bedeutet, soll gleich betrachtet werden. Hier sei nur noch kurz das Thema der empirischen Ethik abgeschlossen:

Das ethische Alltagshandeln des einzelnen kann – trotz einer dem *Kohlberg*-Schema gemäß verlaufenden moralischen Entwicklung – höchst unterschiedlich sein: von Tag zu Tag, von Fall zu Fall. Anders formuliert: die höchste erreichte Entwicklungsstufe und das konkrete Handeln müssen sich keineswegs decken. Im Rahmen empirischer Ethik zählt letztlich dennoch nur die objektiv gegebene oder fehlende Übereinstimmung des beobachtbaren individuellen Verhaltens mit den gesellschaftlich sanktionierten Normen. Die subjektiven Motivationen, „Prinzipien“ (Maximen) und Intentionen des Alltagshandelns sind dem völlig untergeordnet. Der Unterschied zwischen Scheinmoral, Legalität und Legitimität ist durch empirische Beobachtung nicht erfaßbar. Egal aus welchen innersten Gründen und mit welchen Zielen der Handelnde sich nach den geltenden Normen möglicherweise richtet – solange er sie nicht öffentlich bekanntgibt, wird sein Handeln stets als ethisch richtig angesehen werden und er ein anerkanntes Mitglied seiner Gesellschaft sein, wenn sein Handeln mit den Normen eben dieser Gesellschaft in Einklang steht.

Die ***normative Ethik*** schließlich bemüht sich darum, allgemeingültige Motivationen, Prinzipien und Ziele herauszuarbeiten. Je nachdem, welchem dieser drei wichtigen Elemente das entscheidende Gewicht beigemessen wird, handelt es sich um einen ganz bestimmten ethischen Begründungs- oder auch Argumentationstyp. Folgende Bezeichnungen haben sich durchgesetzt

- teleologische Begründung
- axiologische Begründung
- deontologische Begründung.[34]

Es kann nicht stark genug betont werden, daß alle drei Modelle ethischer Argumentation axiomatisch operieren; sie gehen von unterschiedlichen Grundannahmen aus, d. h. sie sind nicht voraussetzungslos.

3.4.3. Teleologische, axiologische und deontologische Begründungsmodelle

Der ***teleologische Ansatz*** wählt als entscheidendes Kriterium der ethischen Qualität einer Handlung ihr *Ziel* (griechisch: *telos*). Dabei ist es durchaus möglich, daß dieses Ziel
a) entweder als Folge des Handelns oder aber
b) im ethischen Handeln selbst schon erreicht wird.
Die Aufgabe ethischer Normen ist es, den Weg zu diesem Ziel zu weisen. Die teleologische Begründung erfolgt dann logischerweise in zwei Schritten:

1) Das Ziel des ethischen Handelns muß als für *alle* Menschen gleichermaßen erstrebenswert ausgewiesen werden.

2) Die Normen müssen in überzeugender Weise einsichtig gemacht werden als Regeln, deren Befolgung mit Sicherheit zum angestrebten Ziel führt.

Das teleologische Begründungsmodell wird auch *konsequentialistisch* genannt, weil es den Akzent auf die Folgen des Handelns legt. Die Allgemeingültigkeit seiner Normen verifiziert sich in dem Maße, wie ihre Befolgung das Erreichen des Zieles zur Folge hat.[35]

---

[34] s. hierzu M. Riedel: Norm und Werturteil, Stuttgart 1979, 93ff.

[35] Als Repräsentanten der teleologischen Begründung von Ethik sind beispielsweise der antike griechische Philosoph Aristoteles sowie die englischen Utilitaristen J. Bentham und J.St. Mill (s. Kap. 4.2) zu nennen. Auch die Utilitaristen des 20. Jahrhunderts wie P. Singer und H. Kuhse gehören hierher.

Der ***axiologische Ansatz*** (griechisch: *axia – Wertschätzung)* vertritt die These, daß es eine eigene Werte-Welt gebe, die eine hierarchische Ordnung aufweist. Diese Werte sind das allgemeingültige *Prinzip* ethisch guten Handelns. Der Mensch habe aufgrund seines Geistes die Fähigkeit, diese Werte zu fühlen. In diesem im Prinzip *jedermann* möglichen geistigen Akt des „Wert-Fühlens" werden die Werte

a) als etwas erfaßt, was objektiv-real ist und

b) zugleich als Anspruch erlebt, als allgemeingültige Aufforderung zu einem sie respektierenden Handeln, in dem sie selbst geistig sichtbar werden.[36]

Der ***deontologische Ansatz*** (griechich: *deon – das Pflichtgemäße)* schließlich geht von der Behauptung aus, daß die ethische Qualität einer Handlung durch die *Motivation* der Handelnden bestimmt wird. Auf den guten Willen komme es an; und der gute Wille definiert sich als Gehorsam gegenüber einer jedem Menschen innewohnenden Instanz (i.d.R. ist es die Vernunft), die ihm ein verbindliches Gesetz seines Handelns gibt und das entsprechende Handeln zur Pflicht macht.

Die zu begründende Allgemeingültigkeit stützt sich im deontologischen Modell

a) auf die allgemeine Vernunft-Begabung der Menschen und

b) auf die Evidenz (fraglose Einsichtigkeit, Selbstverständlichkeit) ein und desselben formalen Moral-Gesetzes, das aber die jeweils eigene Vernunft jedem Menschen gibt.[37]

Die Unterscheidung dieser Begründungstypen scheint allerdings insofern nicht ganz unproblematisch zu sein, als sie suggerieren könnte, daß jede normative Ethik nur den einen oder aber anderen Begründungstyp verkörpert und verkörpern muß. Dagegen stellt sich die Frage, ob nicht eine Ethik vorstellbar ist, die alle drei Begründungsarten ganz bewußt zur Synthese bringt. Das würde nicht bedeuten, daß diese Ethik Aussagen zu ethischen Werten, Pflichten und Folgen des Handelns beinhalten müßte, denn das tun ja letztlich alle normativen Ethiken. Die Synthese müßte vielmehr

---

[36] Dieser ethische Begründungstyp wird u. a..vertreten von den Phänomenologen E. Husserl, M. Scheler (s. Kap. 4.3) und N. Hartmann.

[37] Das deontologische Begründungsmodell findet sich repräsentativ bei I. Kant (s. Kap. 4.1.) und D. Ross u. a.

im Aufweis der Gleichwertigkeit dieser drei Faktoren bestehen, denn ihre unterschiedliche Wichtung macht gerade die Differenz der drei Begründungen aus:

1) Die *deontologische* übersieht keineswegs, daß jedes Handeln Folgen nach sich zieht, die Werten entsprechen oder widersprechen. Aber sie betont den Vorrang der Pflicht, jener inneren Instanz zu gehorchen, die ein bestimmtes Handeln zum richtigen erklärt. Ein so verstanden pflichtgemäßes Handeln ist selbst dann moralisch gut, wenn die durchaus mitbedachten Folgen dann andere als die vorausgesehenen sind.

2) Die *axiologische* Begründung sieht den Menschen durchaus moralisch verpflichtet, in seinem Handeln den jeweils höchstmöglichen Wert zu berücksichtigen, den er geistig erfühlt hat. Und natürlich hat ein solches Handeln dann auch – vorhersehbare und unvorhersehbare – Folgen, die von Bedeutung sind. Entscheidend aber ist für diese Ethik das Axiom der Wertsphäre, die unabhängig von menschlicher Wertschätzung real und objektiver Maßstab ist.

3) Die *teleologische* Begründung schließlich sieht die Folgen des Handelns als das maßgebliches Kriterium seiner Moralität; Folgen, die selbstverständlich deswegen bedeutsam sind, weil sie die Wertvorstellungen der Handlungsbetroffenen verletzen oder respektieren; Folgen, die aus diesem Grunde ausschlaggebend für das Handeln sind, so daß ihre Beachtung ethische Pflicht ist.

Gäbe es eine Synthese dieser drei Begründungen, so müßten – wie gesagt – Werte, Pflichten und Folgen von gleichwertiger Bedeutung sein. Eine denkbare Variante wäre eine Ethik, die in der Pflichterfüllung selbst den höchsten Wert sähe und das Faktum (Resultat) der Pflichterfüllung auch schon als die – moralisch betrachtet – alles entscheidende Folge des pflichtgemäßen Handelns betrachten würde.[38]

---

[38] s. Kap. 5.2.2.1.3.

3.5. Die Vielfalt normativer Ethiken und ihre Gründe

*3.5.1. Die entscheidende Vorfrage: Ethik **ohne** oder **mit** meta-physischer Weltanschauung*

Der Blick auf das *Kohlberg*-Schema hat unter anderem deutlich werden lassen, daß die ethische Einstellung des Menschen im Verlauf seines Lebens einen Wandel durchmacht. Dieser Wandel betrifft natürlich keineswegs nur das ethische „Denken" und Handeln, sondern den Menschen in seiner Ganzheit, d. h. sein Welt- und Selbstverständnis. Man könnte es auch anders ausdrücken: der Mensch durchläuft eine moralische Entwicklung in dem Maße, wie sich seine gesamte Weltanschauung verändert. Moralität gründet selbst in einem sich wandelnden Verständnis der Welt und d. h. auch der Menschen, mit denen man zusammenlebt, sowie der jeweils persönlichen „Rolle" in diesem Ganzen. Wie man die Welt und sich selbst in ihr sieht, so beurteilt man die Richtlinien des Handelns und richtet sein Handeln aus.

Die philosophische Grunddisziplin, die sich traditionellerweise mit dem Problem befaßt, wie jenes Welt-Ganze gesehen werden müsse, ist die Metaphysik. Ihre drei großen Teilfragen sind die
- nach dem Ursprung, Wesen und Sinn der *Welt*,
- nach der Existenz oder Nicht-Existenz *Gottes*
- sowie nach dem Ursprung, Wesen und Sinn des *Menschen.*

Die heute wieder verstärkt zu hörende These einer *metaphysikfreien* Ethik ist im Grunde irreführend, da in der Regel nur die Ausklammerung der „theologischen" Fragestellung gemeint ist. Freilich ist nicht zu übersehen, daß darüber hinaus auch hin und wieder die Tendenz besteht, die umfassende Sichtweise der Metaphysik überhaupt *ad acta* zu legen und die engere Sichtweise einer Spezialwissenschaft (etwa Soziologie oder Psychologie) zu wählen. Sofern dies allerdings im strengen Sinne und mit aller Konsequenz geschieht, wird das entscheidende Problem verkannt, und normative Ethik wandelt sich in bloßen Pragmatismus, eine Position, nach welcher sich der Wert von Überzeugungen und Theorien an ihrer handlungsbezogenen Zweckdienlichkeit mißt. Normative Ethik kommt nicht ohne den Blick aufs Welt-Ganze und auf den Sinn menschlicher Existenz in diesem Welt-Ganzen aus. Insofern ist sie untrennbar mit Metaphysik verknüpft, denn das Welt-Ganze entzieht sich der Empirie, ist selber eine metaphysische Idee. Jedes über das empirisch Faßbare hinausgehende Deuten der Welt ist metaphysisch (griechisch: *jenseits des Physischen bzw. Physikalischen*).

Im Hinblick auf die normative Ethik lautet das bereits alles entscheidende (metaphysische) Problem nicht: Was soll ich in dieser oder jener Situation tun?, sondern: Warum und wozu soll ich überhaupt ethisch handeln? Wo diese Frage unbeantwortet bleibt, steht die Ethik im Grunde auf tönernen Füßen. Und das gilt nicht nur für die normative Ethik des professionellen Philosophen, sondern auch für die persönliche Alltags-Ethik eines jeden Menschen – auch im Beruf. Vor der Suche nach allgemeingültigen Normen steht die Frage, ob und warum es richtig und sinnvoll ist, nach ethischen Normen zu handeln, ob und warum es des Menschen würdig ist, sich dem unbedingten Anspruch selbst gegebener, als allgemeingültig erkannter ethischer Normen zu beugen.

Auf diese Frage wurde und wird weiterhin unterschiedlich geantwortet.

1. Auf der einen Seite stehen jene Denker, welche die Frage bejahen. Und ihr Ja begründen sie mit dem Hinweis, daß die Rede von einer menschenwürdigen Welt nur eine Welt meinen könne, in welcher der Mensch seine Würde, d. h. seine Freiheit unter Beweis stellt, d. h. seiner Moralfähigkeit entsprechend lebt, nämlich nach allgemeingültigen Normen sucht, um sie sich selbst zu Richtlinien seines Handelns zu machen. In der Konsequenz kann seine Würde immer nur der betreffende Mensch selbst verletzen; niemand sonst kann sie ihm geben, niemand als er selbst kann sie ihm nehmen, weil sie in seinem eigenen moralischen Handeln gründet.

Ethiken dieses Typs wurzeln im Metaphysischen, d. h. sie sehen im Menschen weit mehr als das an ihm empirisch Wahrnehmbare und naturwissenschaftlich Feststellbare.

2. Auf der anderen Seite stehen all jene, welche die Frage (s.o.) verneinen. Zu ihnen gehören u. a. die Nihilisten, die jeden Sinn, jeden verbindlichen Wert leugnen und konsequenterweise auch jede Moral und ihre Normen ablehnen müssen, deren Funktion ja der Schutz bestimmter Werte ist. Wenn sie nach außen hin dennoch Moralität befürworten, so mit dem Hintergedanken ihrer Instrumentalisierung: Ethische Normen, die lediglich von *anderen* befolgt werden, erweitern den Spielraum dessen, der sich nicht nach ihnen richtet, erlauben ihm, seinen persönlichen Egoismus hemmungslos auszuleben, ohne gleichstarke Reaktionen befürchten zu müssen. Einen höheren Sinn verfolgt man dabei nicht; illusionslos, wie man sich selbst versteht, genießt man lediglich das, was das Leben einem

auf diese Weise bietet, zynisch werden die moralischen Anstrengungen der Mitmenschen beobachtet. Metaphysik hat hier keinen Stellenwert.

Mit einem Nein auf die oben gestellte Frage antwortet neben den Nihilisten aber auch noch eine andere Gruppe. Ihr Nein fällt indessen nicht so radikal wie das der Nihilisten aus. Ihr Nein gilt der Suche nach absolutem Sinn, die sie als uneinlösbar und daher praktisch irrelevant beurteilen. Dagegen erscheint ihnen das Leben wie auch das (ethische) Handeln im Hinblick auf die Welt keineswegs völlig sinnlos zu sein. Unter „Welt“ verstehen sie dabei allerdings soziale Umstände, die sie – aus welchen ideologischen Gründen auch immer – sich und der Menschheit als Zukunft wünschen. Es ist bezeichnend, daß gerade in dieser Gruppe das weit verbreitete Selbstverständnis zu beobachten ist, metaphysikfreie Ethiken zu vertreten, was indessen nur bedingt gültig ist. Denn schon der in die Zukunft vorauseilende, utopische Gesellschaften vorstellende Blick verläßt den Boden der Empirie und betritt metaphysisches Terrain.

Im Hinblick auf jene utopischen Welten wird Ethik instrumentalisiert. Ethisch gültige Normen sind Handlungsregeln, die jene Welten entstehen und fortbestehen lassen sollen: sei es eine Welt ohne ökonomische Klassengegensätze[39], sei es eine Welt ohne geistige und körperliche Behinderte.[40] Im Kern ist ihre Ethik Sozial-Pragmatik. Die Leitlinien dieser Pragmatik sind keine allgemein-gültigen ethischen Normen, sondern Klugheitsregeln, hypothetische Imperative.

Ethik, die nach allgemeingültigen Normen sucht, muß gewisse Grundbedingungen erfüllen:

1. Sie muß den Sinn ethischen Handelns an sich bejahen; nach Normen eines sinnlosen Handelns zu suchen, wäre selbst ein absurdes Unterfangen. Jede Norm und in besonderem Maße eine allgemeingültige Norm kann nur unter der Annahme als sinnvoll vorgestellt werden, daß durch ihre Befolgung ein Wert geschützt wird, der Anerkennung verdient.[41]

---

[39] s. hierzu die Ethik von Karl Marx und Friedrich Engels sowie des Marxismus-Leninismus.

[40] s. hierzu die heute vieldiskutierte Bioethik, wie sie z. B. von Peter Singer, Michael Tooley, Norbert Hoerster u. a. vertreten wird.

[41] Der Wert, um den es geht, kann freilich auch in der Befolgung dieser Regeln selbst erst verwirklicht werden, so z. B. die Würde und Freiheit der Handelnden, die als vernunftbegabte Individuen sich selbst einem

2. Solange allerdings keine Sinndeutung der Welt und des menschlichen Lebens und Handelns in der Welt gefunden ist, die in ihrer Evidenz unantastbar ist, muß eine nach allgemeingültigen Normen suchende Ethik so behutsam und tolerant sein, daß ihre Normen keine vernünftige Sinndeutung ausschließen, was sie selbst in Frage stellen würde.[42]
Es darf abschließend festgehalten werden: Ethiken unterscheiden sich nicht erst durch die Normen, die sie als die richtigen auszuweisen versuchen. Fundamentaler und entscheidender ist ihr Selbstverständnis, der Stellenwert oder Selbstwert, der von ihnen dem ethischen Handeln jeweils zugesprochen wird.

3.5.2. Das Problem der Diversität normativer Ethiken

Die verwirrende Vielfalt normativer Ethiken, die ganz verständlich den Uneingeweihten solche Fragen stellen läßt, wie sie in jenem in der Einleitung (s.o.) zitierten Text von *R. Brack* auftauchen, hat ihren tieferen Grund also fraglos im Spektrum der hinter den jeweils vertretenen Ethiken stehenden *Weltanschauungen.* Jede konkrete normative Ethik wird in ihrem Standpunkt nur in dem Maße letztlich verständlich, wie die sie begründende Weltanschauung in den Blick genommen wird. Ihre Geltung beansprucht sie – zu Recht oder Unrecht – ja für eben jene Welt, deren geistiger Entwurf ihr eigener Rahmen ist.

Aus diesem Grunde ist es geradezu ein charakteristisches Merkmal *pluralistischer* Gesellschaften, das heißt Gesellschaften ohne einheitlich-verbindliche Welt-Anschauung, ein mehr oder weniger breit gefächertes Spektrum normativer Ethiken hervorzubringen. Allgemeingültigkeit – wenn nicht paradoxerweise darauf verzichtet wird – reduziert sich dann notwendigerweise auf fundamentale Aussagen wie beispielsweise jene am Ende des vorangehenden Kapitels.

Gesetz unterwerfen, das ihnen ihre eigene Vernunft als unbedingt anerkennenswert vorstellt.

[42] „Vernünftig" steht in diesem Zusammenhang nicht für ideologisierte Strategien oder Effizienz fördernde Überlegungen im Sinne der von Max Horkheimer kritisierten „instrumentellen Vernunft". Das Wort soll eher an die Phronesis (Besonnenheit) des Aristoteles erinnern, die sich durch ein Wissen um ethische Werte auszeichnet.

Was als Motivation, Prinzip und Ziel ethischen Handelns ausgewiesen wird, mag zwar von Ethik zu Ethik sehr unterschiedlich sein, aber im direkten Widerspruch zueinander könnte es nur dann stehen, wenn es auf dem Boden ein und derselben Weltanschauung gewachsen wäre. Interessant und verständnisfördernd ist es dennoch – gerade nach der Verdeutlichung der jeweils einer bestimmten normativen Ethik zugrundeliegenden Weltanschauung – das von ihr aufgestellte Fundament, Prinzip und Ziel ethischen Handelns auf Konsistenz zu überprüfen und mit denen anderer wichtiger Ethiken in Vergleich zu setzen. Das genau ist der Gegenstand des folgenden Kapitels. Es will an vier wirkungsgeschichtlich bedeutsamen Beispielen verdeutlichen, wie sich ethisches Denken aus bestimmten weltanschaulichen Grundannahmen konsequent entfalten muß.

4. Beispiele normativer Ethik

Dieses Kapitel will keine Geschichte der Ethik liefern, sondern anhand von bedeutsamen Beispielen mit konsequentem ethischen Denken vertraut machen. Drei Teilziele sind dabei anvisiert.

1. Der enge Bezug zwischen weltanschaulichem Fundament, ethischem Begründungstyp und Ethik (Motivation, Prinzip und Ziel moralischen Handelns) soll deutlich gemacht werden.

2. Die Wahl fiel auf *Immanuel Kant*, *John Stuart Mill* und *Max Scheler*, um mit ihren Ethiken zugleich die Begründungsmodelle der deontologischen, teleologischen und axiologischen Ethik repräsentativ vorzustellen.

3. Die anschließend dargestellte Ethik *Friedrich Nietzsches* ist als Bruch mit der ethischen Tradition im Kontext der vorliegenden Untersuchung von besonderem Interesse. Denn die Konsequenz dieses Bruches ist die radikale Ablehnung helfenden Handelns und damit auch jeder Sozialarbeit. *Nietzsches* „Umwertung aller Werte" stellt die nicht zu leugnende Moral sozialer Hilfe in ein sie verdeutlichendes Gegenlicht und erlaubt somit einen kritischen Rückschluß auf die ethische „Befangenheit" sozialen Helfens. Soziales Helfen ist weder mit jeder beliebigen noch ohne Ethik begründbar.

4.1. Immanuel Kant: transzendentalphilosophische Ethik

4.1.1. Kants Weltanschauung

Immanuel Kant (1724–1804) gilt zurecht als hervorragender Vertreter der deutschen Aufklärung, als ihr Vollender und Überwinder. Weniger bekannt dürfte die Tatsache sein, daß er bereits im Elternhaus und später in der Schule wie auch im Studium im Geiste des *Pietismus* erzogen und gebildet wurde, einer Reform-Strömung des Protestantismus, die der inneren Frömmigkeit neues Gewicht gab, dabei aber ihre praktische Umsetzung in tätige Nächstenliebe befürwortete. *Kants* Weltanschauung ist die eines aufgeklärten

Christen. Sein Denken wird transzendentalphilosophisch[43] genannt.

Objektive Erkenntnis der Welt und Glaubenswahrheit schließen sich nach *Kant* keineswegs gegenseitig aus, sie stehen nicht im Widerspruch zueinander, aber eine jede hat ihren eigenen Kompetenzbereich, den sie nicht überschreiten darf: „Objektive Erkenntnis" (d.i. „gegenständliche Erkenntnis", Erkenntnis eines Gegenstandes) kann nicht berechtigt den Anspruch erheben, religiöse Glaubensfragen entscheiden zu können, also beispielsweise beweisen zu können, daß es keinen Gott gebe. Umgekehrt darf sich religiöser Glaube nicht als objektive Erkenntnis ausgeben und beispielweise behaupten, die Existenz Gottes als Tatsache endgültig bewiesen zu haben. Der einzelne Mensch kann dagegen sehr wohl zugleich exakter Wissenschaftler und religiös-gläubig sein.

Was nun die objektive Erkenntnis der Tatsachen-Welt betrifft, so vertritt *Kant* die Auffassung, daß der Mensch die Welt nicht so erkennt, wie sie wirklich ist, sondern nur so, wie es ihm seine natürlichen Erkenntnis-Instrumente erlauben. Der Mensch erkennt die Welt nicht, wie sie an sich ist, sondern nur so, wie sie ihm zu sein scheint. Die Ursachen dafür liegen in den Instrumenten der Erkenntnis selbst, über die der Mensch verfügt. Nach *Kant* sind es zwei:

- die Sinne und
- der Verstand.

Beide haben ihre Eigenheiten oder „Formen"; und wenn der Mensch sie benutzt, so formt oder verformt er durch sie die Welt, wie sie an sich ist; er mag wollen oder nicht. Durch den Gebrauch seiner *Sinne* wird die erkannte Welt räumlich und zeitlich, weil Raum und Zeit nichts anders sind als die subjektiven Vorstellungs-Formen der menschlichen Sinne. Durch den Gebrauch des *Verstandes* wird die Welt u. a. zu einer kausal-determinierten, denn Ursache und Wirkung sind nichts anderes als zwei subjektive Vorstellungs-Formen des menschlichen Verstandes. Erkennen, d. h.

[43] Transzendentalphilosophie ist eine auf Kant selbst zurückgehende philosophische Strömung, die sich nicht mit den möglichen Gegenständen des menschlichen Bewußtseins, sondern mit diesem selbst befaßt und nach den Bedingungen seiner Möglichkeit fragt, also nach den Bedingungen beispielweise, die menschliches Erkennen, moralisches Handeln und ästhetisches Urteilen ermöglichen.

seine Sinne *und immer und notwendig zugleich* seinen Verstand zu gebrauchen, heißt, die Welt, wie sie an sich ist, zu verändern in eine
- räumlich-zeitliche und
- kausal-determinierte.

Als Wesen aus Fleisch und Blut ist der Mensch selbst Teil der Welt und erkennt sich selbst als ein räumlich-zeitliches Wesen, das kausal-determiniert ist. Nun erkennt der Mensch die Welt nicht nur, sondern er handelt auch in ihr. Allerdings handelt der Mensch nicht nur als Wesen aus Fleisch und Blut, nach sinnlichen und verstandesmäßigen Motiven: er handelt auch mit Vernunft. Die Vernunft – im Gegensatz zum Verstand – ist nach *Kant* ein geistiges Vermögen, das für die objektive Erkenntnis der Welt nicht konstitutiv ist. Sie vermittelt dem Menschen vielmehr frei-schöpferisch Vorstellungen, d. h. „Ideen“, nach denen er handeln kann:

a) die Vorstellungen von Welt, Seele und Gott, um ihn zu bewegen, seine Erkenntnis immer weiter voranzutreiben[44];

b) die Idee der Moralität, um sein persönliches Handeln daran auszurichten.

Und genau hieraus leitet sich eine fundamentale Annahme der Kantischen Philosophie ab, die für das Verständnis seiner Ethik unabdingbar ist: Der Mensch als *Vernunft*wesen ist eben weder raum-zeitlich, noch kausal determiniert, sondern frei. Er kann sich selbst bestimmen, darin liegt seine Würde. Als Vernunftwesen ist der Mensch ein Selbstwert, ein „Zweck an sich“. Seine Vernunft läßt ihn sich in allen Menschen wiedererkennen, d. h. in ihnen ebensolche Vernunftwesen sehen, Werte an sich, die als solche zu behandeln sind, denen also Achtung entgegenzubringen ist. Genau darin besteht das Wesen der Moralität. Die eigene Vernunft gibt dem Menschen ein Gesetz, das ihm sagt, was er tun soll, nicht muß. Und er kann dieser ethischen Selbstaufforderung folgen oder auch nicht. In der Wahl seiner Maximen (persönlichen Handlungsregeln) ist der Mensch also frei. Die Handlung, die im Geist der frei gewählten Maxime vollzogen wird, ist dagegen ein Geschehen in Raum und Zeit und dem Kausalgesetz unterworfen. Moralität (und Verantwortung) zeigt sich nach *Kant* nicht in der beobachtbaren Hand-

---

44 Weder von der Welt als ganzer noch von der menschlichen Seele oder von Gott kann der Mensch sinnliche Daten empfangen, die aber für jede gegenständliche Erkenntnis unentbehrlich sind. So sind es eben „nur“ Vorstellungen der Vernunft, Ideen, Leitbilder des Erkennens.

lung, sondern nur in der Wahl der Maxime, die kein anderer kennt als der Handelnde selbst.

Kants Weltanschauung sieht den Menschen als ethisch Freien in einer ansonsten determinierten Welt. Und wie ein Sprichwort sagt, daß Adel verpflichtet, so entwickelt *Kants* Ethik aus dem menschlichen Vernunftadel die fundamentale Verpflichtung des Menschen, sich selbst und seinesgleichen zu achten.

4.1.2. Kants deontologische Begründung

Das Bild, das *Kant* vom in der Welt lebenden und handelnden Menschen entwirft, sieht den Menschen zum einen als sich räumlich-zeitlich erkennendes Wesen, das den Gesetzen der ebenso räumlich-zeitlich erkannten Welt unterworfen ist. Handlungen und Handlungsfolgen als sinnlich wahrnehmbare Phänomene (griechisch: *Erscheinungen*) sind unfrei und besitzen auch insofern keine moralische Qualität. Damit ist der teleologische Begründungsansatz ausgeschlossen, der auf die Folgen des Handelns in der räumlich-zeitlichen Welt abhebt.

Da *Kant* dem Menschen die Fähigkeit abspricht, unsinnlich gegebene Dinge (an sich) zu erkennen, so ist auch der erkennende Zugriff auf eine objektive Werte-Welt versperrt, was die axiologische Begründung zunichte macht.

Damit bleibt nur die deontologische Begründungsmöglichkeit bestehen. Nach *Kant* ist der Mensch nun auch ein Wesen, das Vernunft und Freiheit besitzt, die ihm die freie Wahl einer bestimmten Handlungs-Maxime erlauben, die über die ethische Qualität des Handelns entscheidet. Ethisch gut ist die Wahl, wenn sie aus Respekt vor eben dieser Wahlmöglichkeit, also aus Respekt vor der (eigenen) Freiheit erfolgt, der man sich verpflichtet fühlt.

Es ist recht deutlich, daß die deontologische Begründung bei *Kant* keineswegs willkürlich eingesetzt wird, sondern eine Konsequenz seines Welt- und Menschenverständnis ist.

4.1.3. Kants normative Ethik

Kants Ethik ist ein Protest gegen jede Form der Fremdbestimmung (Heteronomie): ethisches Handeln ist Handeln des freien, nur seiner eigenen Vernunft gehorchenden Menschen. Allerdings spielt dabei die Erziehung eine wichtige Rolle. Nach *Kant* liegt die vorrangige Aufgabe moralischer Erziehung darin,

„einen Charakter zu gründen. Der Charakter besteht in der Festigkeit, nach Maximen zu handeln.“[45]

Maximen sind allgemeine Regeln des Handelns und Verhaltens, die der einzelne Mensche sich selbst gibt. Mit anderen Worten: moralische Erziehung hat zur vornehmsten Aufgabe, den Menschen zu befähigen, sich selbst Regeln des Verhaltens zu geben und nach ihnen auch konsequent zu handeln. Natürlich ändern sich diese Regeln im Laufe eines Menschenlebens:

„Im Anfang sind es Schulmaximen, und nachher Maximen der Menschheit.“[46]

Moralisch reifen bedeutet demnach, den Anspruch der Gültigkeit von Regeln zu steigern, die man sich selbst gibt, um schließlich nach Normen zu suchen, die tatsächlich im strengen Sinne allgemeingültig sind.[47]

Es bedarf keiner speziellen ethischen (moralphilosophischen) Bildung, um dahin zu gelangen. Die „gemeine Menschenvernunft“, d. h. im Prinzip jeder Mensch, der eine normale Entwicklung durchmacht, beurteilt die ethische Qualität seines Handelns am Maßstab der möglichen Verallgemeinerung der Regel, die sie leitet.[48]

Die Tendenz, die moralische Qualität des Handelns nach der Universalisierbarkeit seiner jeweiligen Leitregel zu beurteilen, zeigt sich nach *Kant* durchaus im Alltag.

Der Sprachgebrauch, könnte man sagen, verrät es: „Wenn das nun jeder machen wollte!“ oder „Wenn doch nur alle so wären!“

Die entwickelte moralische Vernunft sagt dem Menschen, daß er nur nach allgemeingültigen Prinzipien handeln, also prüfen soll, ob seine Maxime allgemeingültig ist.

---

[45] I. Kant: Über Pädagogik, Werke XII, 741.

[46] I. Kant: Über Pädagogik, Werke XII, 741

[47] s. hierzu – aus moderner, empirischer Sicht – die Entwicklungsstufen des Kohlberg-Schemas, die Kant Recht geben.

[48] s. hierzu I. Kant: Grundlegung zur Metaphysik der Sitten, Werke VII, 218-219 sowie: Kritik der praktischen Vernunft, Werke VII, 142.
Es ist an dieser Stelle allerdings nicht uninteressant, daran zu erinnern, daß nach L. Kohlbergs in Nordamerika angestellten Forschungsarbeiten nur ca 5 % der Menschen die sechste Stufe moralischer Entwicklung erreichen.

A. Das Prinzip der Moral

Bei der Suche eines allgemeingültigen ethischen Prinzips, also einer allgemeinen und umfassenden Leitlinie des Handelns, bestand *Kants* geniale Idee in der schlichten Umkehrung des Gesuchten in das Prinzip selbst. Das ist bereits das ganze Geheimnis des berühmten kategorischen Imperativs.

Die „gemeine Vernunft", wenn sie durch Erziehung sich richtig entwickeln konnte, sucht nach allgemeingültigen Verhaltensregeln. Der Mensch stellt sich kritisch die Frage: Ist die Regel, die ich mir jetzt in dieser konkreten Situation gebe und nach der ich zu handeln beabsichtige, wirklich allgemeingültig? Sollten alle Menschen nach dieser Regel handeln? Und genau diese Frage (das Gesuchte) wird nun von *Kant* formal umgestaltet zum Prinzip der Selbstaufforderung: Prüfe, ob die Regel, die du dir selbst gibst, allgemeingültig ist, und wenn ja, so handele danach! Bei *Kant* heißt das folgendermaßen:

„Handle nur nach derjenigen Maxime, durch die (von der) du zugleich wollen kannst, daß sie ein allgemeines Gesetz werde."[49]

Damit wird dem Menschen zweierlei zur Aufgabe gemacht:
a) die Suche nach strenger *Allgemeingültigkeit* von Normen
b) bei gleichzeitiger Wahrung seiner *Autonomie.*

Dieses ethische Prinzip, von dem *Kant* selbst sagt, daß die menschliche Durchschnittsvernunft das Handeln in seinem Sinn beurteilt, erhebt keinen Anspruch auf revolutionäre Neuheit. Vielmehr schreibt *Kant*:

„Wer wollte aber auch einen neuen Grundsatz aller Sittlichkeit einführen, und diese gleichsam zuerst erfinden? gleich als ob vor ihm die Welt, in dem was Pflicht sei, unwissend, oder im durchgängigen Irrtum gewesen wäre. Wer aber weiß, was dem Mathematiker eine Formel bedeutet, die das, was zu tun sei, um eine Aufgabe zu befolgen, ganz genau bestimmt und nicht verfehlen läßt, wird eine Formel, welche dieses in Ansehung aller Pflicht überhaupt tut, nicht für etwas Unbedeutendes und Entbehrliches halten."[50]

Kant räumt sich also lediglich das Verdienst ein, das, was jeder moralische Mensch intuitiv erfaßt und tut, auf den Begriff gebracht, zu einer Formel verdichtet und präzisiert zu haben. Diese Formel

---

[49] I. Kant: Grundlegung zur Metaphysik der Sitten, Werke VII, 51

[50] I. Kant: Kritik der praktischen Vernunft, Werke VII, 113.

geht von einer These aus: Eine Handlung kann dann und nur dann als moralisch gelten, wenn sie

a) *einer allgemeingültigen Norm folgt und*

b) *aus Freiheit vollzogen wird.*

So muß – ganz folgerichtig – geprüft werden, ob die Norm (Maxime), nach der sie sich richten will,

a) allgemeingültig ist und

b) vom Handelnden frei gewollt werden kann.

Allgemeingültig ist eine Norm dann, wenn ihre allgemeine Befolgung möglich ist, ohne dadurch sich selbst zu widersprechen und damit *unvernünftig* zu werden. Und *vom Handelnden gewollt werden kann* im Grunde nur das, was ihm als Wesen mit Vernunft nicht widerspricht, was – kurz gesagt – nicht unvernünftig ist.

Die Anwendung des Prinzips ist ihrem Wesen nach also nichts anderes als eine kritische Überprüfung der Vernünftigkeit (d. h. der objektiven wie auch subjektiven Widerspruchslosigkeit) der Handlungs-Maxime. Sehen wir uns diese Formel anhand von Beispielen etwas näher an, denn nicht immer wird sie richtig interpretiert:

Eine in einem Kinderheim arbeitende Sozialpädagogin bittet eine Kollegin, am Wochenende ihren Dienst zu übernehmen, und verspricht ihr, bei nächster Gelegenheit das Gleiche für sie zu tun. In Wahrheit entscheidet sie sich im Moment ihrer Bitte bereits, ihr Versprechen nicht zu halten. Ihre Maxime, nach der sie im konkreten Fall bereits handelt, könnte in etwa lauten: Immer dann, wenn ich von anderen Menschen etwas bekommen möchte, verspreche ich zu diesem Zwecke alles Mögliche, aber mein Versprechen werde ich nicht halten.

Wollte sie nun nach der Kantischen Formel die ethische Qualität ihrer Maxime prüfen, so müßte sie sich fragen:

(a) Könnte ich wirklich wollen, daß

(b) alle Menschen immer und überall nach dieser Regel handeln würden und gar nicht anders könnten?

Beziehungsweise in zwei getrennten Schritten:

1. Widerspricht sich meine Maxime selbst, wenn ich mir vorstelle, daß sie gewissermaßen ein Naturgesetz wäre, nach der alle Menschen handeln müßten?

2. Kann ich selbst tatsächlich – ohne mir selbst zu widersprechen – wollen, daß meine Maxime ein allgemeines Gesetz wird?

Kants *eigene Beispiele mit dem dazugehörigen Kommentar belegen übrigens, daß das negative Ergebnis einer dieser beiden Prüfungen bereits ausreicht, um die Maxime als ethisch falsch zu brandmarken.*

Zu 1) Jene Sozialpädagogin macht es sich zur Regel, etwas zu versprechen, um dadurch irgendetwas für sie Vorteilhaftes zu erreichen, mit der festen Absicht, ihr Versprechen anschließend nicht zu halten.

Stellen wir uns nun vor, daß diese Regel eine Art Naturgesetz wäre, ein kausal-wirkender Handlungsmechanismus, dem alle Menschen unterworfen wären, so daß sie ihm gemäß handeln müßten. Würde dieser Mechanismus dann noch so wirksam sein wie in jenem Einzelfall, wo die gutgläubige nette Kollegin aufgrund des Versprechens den Wochenend-Dienst übernimmt? Die Antwort ist ein klares Nein.

Eine Welt, in der jeder etwas versprechen würde, um irgendetwas damit zu erreichen, ohne die Absicht zu haben, das Versprechen zu halten, wäre eine Welt, in der keiner mehr dem Versprechen eines anderen vertrauen würde, so daß durch ein Versprechen auch nichts mehr zu erreichen wäre. Der Kausal-Mechanismus würde sich sozusagen selbst widersprechen: Versprechen würden gemacht, um etwas zu bewirken, und es würde von vornherein feststehen, daß sie nichts bewirken würden. Das „Spiel" hätte keinen Sinn; es wäre ein in sich widersprüchliches, ***unvernünftiges*** *Unterfangen.*

Zu 2) Ein wenig komplizierter ist die zweite Frage der moralischen Überprüfung: Kann ich wollen, daß meine Maxime ein allgemeines Gesetz wird? Diese Frage muß nämlich zunächst so verstanden werden, wie Kant *sie seinerzeit intendiert hat. Und das heißt, es sind zwei Worte zu klären:*

- *„ich" und*
- *„wollen".*

Beim „ich" muß man wissen, daß Kant *eine wichtige Unterscheidung macht:*

a) Zum einen gibt es nach ihm das vernünftige (noumenale) Ich, das frei ist und sich selbst u. a. Maximen wählt.

b) Zum anderen ist das empirisch-beobachtbare (phänomenale) Ich aus Fleisch und Blut mit Sinnen und Verstand begabt und vollzieht in der von ihm als raum-zeitlich erkannten Welt Handlungen, wobei es selbst den Gesetzen dieser Welt unterworfen ist.

Das, wonach ein Mensch strebt, ist daher einerseits durch die Neigungen und Motive bestimmt, die er als Wesen mit Sinnen und Verstand haben kann. Andererseits bestimmt er als Wesen mit Vernunft durch die Wahl seiner Maximen selbst, wonach er strebt – und genau das ist es, was sein eigentliches „Wollen" ausmacht.

Die zweite Frage liest sich unter Berücksichtigung dieses Sachverhalts folgendermaßen:

Widerspreche ich mir selbst (als empirischem und/oder noumenalem Ich) in der Wahl meiner Maxime? Und das heißt, in aufgeschlüsselter Form zweierlei:

a) Widerspricht das, was ich mit der Wahl meiner Maxime will (vernünftig selbst bestimme), dem, was ich als vernünftiges Wesen überhaupt immer und notwendig will, nämlich dem Vernünftigen? Ist, anders gefragt, meine Maxime vielleicht unvernünftig?

b) Widerspricht die Wahl meiner Maxime dem, was ich als Ich aus Fleich und Blut wesensmäßig, immer und notwendig – gerade unabhängig von meinen situativ bedingten Neigungen, Triebwünschen sowie taktischen oder strategischen Überlegungen – bin? Gerate ich da nicht in einen Selbstwiderspruch, der ebenfalls unvernünftig ist?

Kehren wir zu unserem fiktiven Beispiel zurück. Nach der Klarstellung der Kantischen Begriffe ist die Beantwortung der zweiten Frage recht einfach:

a) Als **vernünftiges** *Lebewesen kann ich natürlich nicht wollen, daß alle Menschen (auch ich selbst) zwangsweise nach einem völlig sinnlosen, also* **unvernünftigen** *Verhaltensmuster handeln müssen, nämlich leere Versprechen geben, die keiner ernst nimmt und die deswegen auch nichts bewirken.*

b) Als Lebewesen, das in jeder konkreten Situation auch durch Sinne und Verstand motiviert wird, kann ich nicht wollen, daß man mir Versprechungen macht, die nicht gehalten werden, oder daß man – aufgrund jenes von allen durchschauten kausalen Verhaltensmechanismus – meinen eigenen Versprechungen nicht glaubt, nicht bereit ist, meinem Wort Vertrauen zu schenken, auch wenn dies in irgendeiner Notsituation der einzige Ausweg, die einzige Lösung wäre.

Hier sollte man Kant *nicht mißverstehen.* Kant *vertrat ja bekanntlich die These, daß die Moralität einer Handlung gerade darin liegt, daß dem Moralgesetz Folge geleistet wird, auch wenn das den eigenen Neigungen (momentanen Wünschen, Triebregungen usw. des empirischen Ich) widerspricht. Das bedeutet, daß* Kants *Formel keineswegs so ausgelegt werden darf, daß ich nur das „wollen kann", was meinen Neigungen nicht widerspricht.*

Es geht in diesem Beispiel nicht um meine Neigung, im konkreten Notfall Hilfe zu erhalten, sondern um die unbestreitbare Tatsache, daß der Mensch als Wesen aus Fleisch und Blut prinzipiell auf die Hilfe anderer angewiesen sein kann. Unabhängig von jeder Neigung wäre es also unvernünftig bzw. selbstwidersprüchlich, etwas zu wollen, was dem eigenen Wesen (hier also der prinzipiell möglichen Hilfsbedürftigkeit) widerspricht. Niemand wünscht sich, hilfsbedürftig, d. h. auf die Hilfe anderer angewiesen zu sein; aber man wird es u.U., wider den eigenen Willen. Es wäre widersinnig, für derartige Situationen der Hilfsbedürftigkeit von vornherein zu wollen, daß jede Hilfsbereitschaft fehlt, und doch wäre genau das im angenommenen Beispiel der Fall. Bezogen auf unser konstruiertes Beispiel, würde die Sozialarbeiterin durch ihr Versprechen gerade nicht erreichen, daß ihre Kollegin für sie einspringt, wenn alle nach ihrer Maxime handeln müßten; auch nicht im ernsten Notfall. Das aber zeigt, daß sie im Grunde selbst nicht wollen kann, daß ihre Maxime allgemeines Handlungs-Gesetz werde.

Nicht immer müssen beide Teilfragen verneint werden; es genügt bereits die Erkenntnis des Selbstwiderspruchs desjenigen, der seine Maxime überdenkt, um diese als unmoralisch zu erkennen. Nehmen wir ein zweites Beispiel: Vorstellbar ist die Maxime, die eigenen arbeitsvertraglichen Pflichten im Heime strikt zu erfüllen, aber auch keinen Handschlag darüber hinaus zu leisten, um einem Kollegen oder einer Kollegin, geschweige denn einem Heiminsassen zu helfen.

Prüfe ich nun erstens, ob diese Maxime ein allgemeines Gesetz werden könnte, ohne sich dabei selbst zu widersprechen, so stelle ich fest, daß dies der Fall ist. Es wäre, zugegeben, eine traurige, „unmenschliche" Welt, aber eine ohne Selbstwiderspruch durchaus mögliche.

Kann ich aber – zweitens – diese notwendige Verallgemeinerung auch selbst wollen? Hier wiederum ist klar, daß ich selber nur allzu leicht Opfer meiner verallgemeinerten Maxime werden kann, nämlich im jederzeit möglichen Notfall sicher wäre, von keinem Hilfe zu bekommen, die das Pflichtmaß überschreiten würde. Mit meiner Maxime geriete ich also in eklatanten Widerspruch mit meinem eigenen Wesen (prinzipiell möglicher Hilfsbedürftigkeit), wollte insofern etwas Unvernünftiges und würde in der Konsequenz moralisch falsch handeln.

Kant *hat neben dieser ersten Fassung des Moralprinzips noch zwei andere entwickelt, von denen eine auf den ersten Blick etwas völlig anderes zu besagen scheint:*

„Handle so, daß du die Menschheit, sowohl in deiner Person, als in der Person eines jeden anderen, jederzeit zugleich als Zweck, niemals bloß als Mittel brauchest."[51]

In Wirklichkeit ist jedoch – aufgrund jener zu Beginn genannten fundamentalen Annahme Kants *(s.o.) – diese zweite Formulierung des Prinzips in der ersten bereits mitgedacht. Denn: „Der Grund dieses Prinzips ist: die vernünftige Natur existiert als Zweck an sich selbst.", d. h. als „absoluter Wert", als „Selbstwert".*

B. Die Motivation zur Moral

Genau hier setzen *Kants* Überlegungen zur ethischen Motivation an. Für *Kant* ist die Frage entscheidend, warum ein Mensch ethische Normen erfüllt, was ihn dazu in seinem Innersten bewegt. Die Tatsache, daß er sie im Handeln beobachtbar befolgt, erlaubt nur festzustellen, daß sein Handeln *legal*, gesetzteskonform ist. Es bleibt offen, ob es auch moralisch *legitim* ist, nämlich um des Gesetzes willen geschieht. Legitimes, d. h. ethisch gutes Handeln hat zwei Bedingungen:

a) es ist ein Handeln gemäß einer überprüften und als richtig erkannten Maxime (s. Prinzip)

b) und zwar einzig und allein aus der Einsicht ihrer Richtigkeit, die ihre Befolgung legitimiert.

Wie schon beim ethischen Prinzip, so ist auch hier wieder oberste Forderung die Autonomie des Menschen. Die eigene Vernunft gibt

---

[51] I. Kant: Grundlegung zur Metaphysik der Sitten, Werke VII, 61.

nicht nur das Gesetz, sie sorgt auch dafür, daß es befolgt wird. Das aber bedeutet zweierlei: Zum einen heißt es, daß das Moralgesetz um seiner selbst willen erfüllt werden muß und nicht etwa, um dadurch etwas anderes zu erreichen oder zu verhindern:

Nicht Angst vor Strafe oder unliebsamen Konsequenzen, nicht Hoffnung auf Anerkennung und Lohn (sei es im Diesseits, sei es im Jenseits), keine antizipierten Lust- oder Unlustgefühle dürfen Beweggrund sein.

Zum anderen heißt es aber auch, daß das, was den Menschen wirklich veranlassen muß, dem Gesetz Folge zu leisten, durch seinen eigenen Blick auf dieses Gesetz bewirkt zu werden hat. Der Vernunft gelingt es nach *Kant* auf einem Umweg, zum moralischen Motor zu werden, nämlich dadurch, daß sie im Menschen ein „moralisches Gefühl" erweckt. Was meint *Kant* damit?

Kant ist der festen Ansicht, daß der Mensch, der aufgrund seiner Vernunft sich bewußt ist, frei (also nicht, wie alles andere raumzeitlich bestimmt, kausal determiniert) zu sein, d. h. einem eigenen Gesetz gehorchen, moralisch handeln zu können, Selbst-*Achtung* haben muß. Es ist der Respekt vor der eigenen Freiheit und Autonomie, in der die Würde des Menschen gründet. Insofern er zugleich in jedem anderen Menschen ein ebensolches freies, vernünftiges und der Moralität fähiges Wesen sieht, erweitert sich seine Selbst-*Achtung* zur *Achtung* vor dem Menschen und seiner Würde allgemein. Es ist die *Achtung* vor dem Menschen als dem einzigen – uns bekannten – Wesen, das sich selbst moralische Pflichten auferlegen kann. Diese *Achtung* kann und muß zur Triebfeder des Handelns werden. Ist dies der Fall, so ist es ein Handeln aus Pflicht oder aus Achtung vor dem Moralgesetz der eigenenen (menschlichen) Vernunft und mithin moralisch.

C. Das Ziel der Moral

Damit ist auch schon unterschwellig das Ziel oder der Zweck ethischen Handelns zur Sprache gekommen. Es ist die Moralität, d.i. die Selbstbestimmung, die Freiheit selbst oder, anders formuliert: die Selbstverwirklichung des Menschen als eines moralischen Lebewesens. Moralität bzw. das moralische Individuum ist ein Selbstzweck, der nicht instrumentalisiert werden darf. *Kant* bleibt bei diesem Standpunkt, auch dann, wenn er im weiteren Verlauf die Moralität als Glücks*würdigkeit* interpretiert.

Das ist oft falsch verstanden worden, nämlich so, als hätte *Kant* geschrieben, daß der Mensch ethisch handeln sollte, um dadurch glücklich zu werden – was nichts anders wäre als die Instrumentalisierung der Moralität und ihre Degradierung zur bloßen Legalität, die dann aber gerade nicht Glückswürdigkeit wäre, womit der Interpretationsfehler sich selbst als solcher entlarvt.

Das Wissen darum, daß Moralität Glückswürdigkeit ist, darf gerade nicht Beweggrund des Handelns werden, wenn dieses seine moralische Qualität bewahren, d. h. Selbstzweck bleiben will. Dadurch, daß der Handelnde nicht sein eigenes Glück im Blick hat, sondern sich nur vom Gefühl seiner Pflicht, von der Achtung der Menschenwürde leiten läßt, verdient er es, angemesssen glücklich zu sein. Das ist *Kants* Lehre.

Kants Ethik wird als deontologische Ethik, als Pflichtethik bezeichnet, und unter Pflichtethik wird dann i.d.R. eine Ethik verstanden, die die Pflichterfüllung zur Zentralidee hat und ihre Werte von der Pflicht her bestimmt, also nicht umgekehrt zuerst bestimmte Werte festlegt und die Respektierung dieser Werte dann zur Pflicht erklärt. Richtig ist diese Deutung unter einer ganz entscheidenden Bedingung, daß nämlich nicht übersehen wird, daß *Kants* Ethik insgesamt doch von der Annahme eines Grundwerts ausgeht: vom Menschen als moralischem, d. h. der Autonomie fähigem Lebewesen. Denn dieser Grundwert ist es, der die Achtung vor ihm und damit die Pflichterfüllung, also Moralität erst sinnvoll werden läßt. (Nicht schon der Wille, sondern der *gute und autonome* Wille ist Grundwert.)

Wollte man *Kants* Ethik von der für soziale Berufe interessanten Fragestellung her beleuchten, ob *Kant* als Zielsetzung moralischen Handelns die Beseitigung sozialer Mißstände, die Linderung sozialer Not (einzelner oder von Gruppen) vorschwebt, so müßte man zunächst mit Nein antworten. Ziel moralischen Handelns ist nach *Kant* vielmehr der Gewinn und die Bewahrung der Würde des Menschen als des (einzigen) Wesens, das zur Moral fähig ist; und dieses Ziel wird erreicht in der Erfüllung moralischer Pflicht. Für *Kant* gibt es insofern nur einen Wert an sich: den guten Willen.

Erst wenn die Doppel-Frage sich stellt, worin jene Pflicht besteht, nämlich in der Befolgung des Gesetzes der eigenen Vernunft, und was dieses Gesetz vorschreibt, nämlich nur Handlungen zu vollziehen, deren Maximen ohne Selbstwiderspruch verallgemeinerbar sind, hält der soziale Gedanke Einzug. Das, was verallgemeinerbar (d. h. vom Prinzip her richtig) und legitim (d. h. von der Motivation her richtig) ist, kann ja dem Allgemein-Wohl nicht schaden. Respekt vor der Würde eines jeden Menschen und Gemeinwohl stehen in einem sehr engen Zusammenhang.

Und dennoch: entscheidend bleibt die gedankliche Reihenfolge. Das Wesen moralischen Handelns liegt nach *Kant* in der Pflichterfüllung, im Gehorsam gegenüber dem Gesetz der eigenen Vernunft. Ohne das illusoniäre Versprechen, daß dieses Handeln sei es dem Handelnden, sei es den Betroffenen ein glücklicheres Leben in dieser Welt bescheren würde. Gerade diese Einstellung kennzeichnet nach *Kant* moralisches Handeln und macht die Würde des Menschen aus: sich selbst aus Freiheit unter den unbedingten Anspruch eines Gesetzes zu stellen, das die eigene Vernunft als gültig erkannt hat. Soziale Verbesserungen mögen sich in der Folge einstellen oder auch nicht. Umfassende Gerechtigkeit – und darunter versteht *Kant* nichts anderes als das Glück aller einzelnen, das sie jeweils im Maße ihrer Moralität verdienen – ist ohnehin nur in einer jenseitigen Welt denkbar, deren Annahme Postulat ist und bleiben muß.

4.2. John Stuart Mill: utilitaristische Ethik

4.2.1. Mills Weltanschauung

John Stuart Mill (1806–1873) ist, neben *Jeremy Bentham* (1748–1832), einer der geistigen Väter des modernen Utilitarismus, dessen ursprüngliches Grundanliegen fraglos die Verbesserung der sozialen Lebenumstände war.

Es zeigt sich, daß auch der Ethik *Mills* eine ganz bestimmte Weltanschauung zugrundeliegt, eine Entscheidung, die Welt in einer ganz bestimmten Weise deuten zu wollen. Der aufgeklärte Christ *Kant* hatte mit seiner transzendentalen Erkenntnistheorie die einseitigen Positionen des Rationalismus[52] und Empirismus[53] zu überwinden versucht. Er hatte Verstand und Sinne als gleichbe-

---

[52] Der Rationalismus bezeichnet eine erkenntnistheoretische Richtung, nach der die Sinne zwar Erkenntnismaterial liefern, es aber Sache der Vernunft ist, dieses letztlich auszuwerten und zu sicheren Wahrheiten zu gelangen.

[53] Im Gegensatz zum Rationalismus steht der Empirismus als eine Strömung, nach welcher im Grunde nur die Sinne ein Wissen über die objektive Welt vermitteln können, was aber gleichzeitig bedeutet, daß absolute Wahrheiten im Hinblick auf die Welt so gut wie ausgeschlossen sind.

deutsam und notwendig für jedes gegenständliche Erkennen erachtet. Auf diese Weise war eine klare Abgrenzung der Gegenstände des Erkennens gegenüber den Wahrheiten des Glaubens gezogen. Die so gewonnene, dem Geist der Aufklärung gemäße Autonomie der menschlichen Vernunft manifestierte sich in der moralischen Gesetzgebung des Individuums. Es blieb dem einzelnen und seinem (christlichen) Glauben überlassen, das Moralgesetz seiner eigenen Vernunft zugleich auch als Gebot Gottes zu verstehen.[54]

Mill, Atheist und Liberaler, entscheidet sich nunmehr erneut für den Vorrang der Sinne: er ist Empirist. Die Realität erschließt sich dem Menschen Dank vielfältiger Sinneseindrücke, und diese verbürgen – so seine Annahme – die objektive Erkennbarkeit einer unabhängig vom Menschen gegebenen Welt.

Wissenschaftlich-exaktes und d. h. immer auch überprüfbares Erkennen verlangt freilich noch eine weitere Annahme, die *Mill* auch einräumt: die „Gleichförmigkeit des Naturablaufs", etwa im Sinne kausaler Gesetzmäßigkeit. Auch wenn diese im Grunde nur eine notwendige Denk-Annahme ist, finde sie dennoch ihre permanente Rechtfertigung und Bestätigung in der Alltagserfahrung, so daß getrost von ihr als Quasi-Tatsache ausgegangen werden könne. (Eben das aber ist keine Tatsachen-Erfahrung, sondern ein Apriori, ein Axiom der Millschen Weltanschauung, obwohl er selbst ja ohne ein solches auskommen wollte.) Die Hypothese eines existenten Gottes hat in diesem Denken keinen Stellenwert mehr.

Für *Mill* zählen also letztlich nur empirisch-erfaßbare Tatsachen. Und genau dieses weltanschauliche Einstellung findet sich in seiner Ethik wieder.

4.2.2. Mills teleologische Begründung

Wenn *Kants* Ethik als Paradebeispiel des deontologischen Begründungsmodells gelten darf, so steht die Ethik *Mills* ähnlich repräsentativ da für die teleologische Argumentationsweise.

Es ist sofort einsichtig, daß dort, wo nur das sinnlich Erfahrbare als real angenommen wird, eine Welt idealer Werte keine Bejahung finden kann: das axiologische Begründungsmodell ist mit einem konsequenten Empirismus nicht vereinbar.

---

[54] s. hierzu I. Kant: Metaphysik der Sitten, Werke VIII, 628 sowie Kritik der Urteilskraft, Werke X, 615.

Ebenso suspekt, da unüberprüfbar, nicht verifizierbar, ist aber das Feld der Gesinnungen, des sogenannten „guten Willens". Wie im Leben überhaupt, so gelten auch bei der moralischen Beurteilung menschlichen Handelns jetzt nur das Beobachtbare und Kalkulierbare, nicht also verborgene Absichten oder gar angeblich absolute Gesetze und Pflichten, die ihre Gültigkeit unabhängig von jeder Situation und von allen Folgen bewahren. Kurz: auch die deontologische Begründung ist unakzeptabel.

Gerade die voraussehbaren, kalkulierbaren und letztendlich empirisch überprüfbaren Folgen einer Handlung entscheiden nach *Mill* über ihre moralische Qualität. Es gilt, bestimmte Folgen anzuzielen, um moralisch gut zu handeln – das genau ist das wichtigste Charakteristikum einer jeden teleologischen Ethik. Und – es sei gleich hinzugefügt – nach *Mills* utilitaristischer Ethik sind empirisch-feststellbare Lust bzw. Freisein von Unlust die anzustrebende Handlungsfolge, der Endzweck, das letzte Ziel jedes (moralischen) Handelns. Die teleologische Begründung ist also im Denken *Mills* eine ebenso klare Konsequenz seiner Weltanschauung wie es bei *Kant* die deontologische war.

4.2.3. Mills normative Ethik

Die Betonung beobachtbarer Wirkungen aus gesetzten Ursachen, typisch für die empiristisch-positivistische Weltanschauung überhaupt, bleibt, wie gesagt, in *Mills* Ethik ausschlaggebend. Die menschlichen Handlungen werden als Ursachen verstanden, die Wirkungen bei anderen Menschen, den Betroffenen, nach sich ziehen. Und eben diese Wirkungen lassen sich beobachten, sie sind wahrnehmbar und überprüfbar. Es ist folglich möglich, festzustellen, ob eine bestimmte Handlung die von ihr Betroffenen glücklich oder unglücklich macht. Genau das fällt auch das Urteil über ihren moralischen Wert. *Mill* selbst schreibt:

> "... Handlungen (sind) soweit und in dem Maße moralisch richtig ..., als sie die Tendenz haben, Glück zu fördern, und insoweit moralisch falsch, als sie die Tendenz haben, das Gegenteil von Glück zu bewirken."[55]

[55] J.St. Mill: Der Utilitarismus, Stuttgart 1976, 13; vgl. hierzu auch H. BAUM: Utilitarismus – eine praktikable Ethik?, in Forum KFH NW, Nr. 7, 1993, 18-21.

Den ethischen Utilitarismus unter Rückgriff auf die ursprüngliche Wortbedeutung zu erklären und als eine Einstellung zu brandmarken, in der es um reine Nutzenerwägungen gehe, ist also dann irreführend, wenn dieser Nutzen zugleich im Sinne eines Egoismus verstanden wird. *Mills* ethischer Utilitarismus ist vielmehr eindeutig Sozialethik. Das zeigt sich sofort, wenn sein Prinzip analysiert wird.

A. Das Prinzip der Moral

Das höchstmögliche Glück der größtmöglichen Zahl Handlungs-Betroffener zu fördern ist das Prinzip des ethischen Utilitarismus, wie es in der Regel formuliert wird. *O. Höffe* hat seinerzeit[56] von vier Teilprinzipien der utilitaristischen Ethik gesprochen und dabei wie folgt differenziert:

1. das Teilprinzip des Vorrangs der *Konsequenzen* des Handelns bei der Bewertung seiner moralischen Qualität;
2. das Teilprinzip der *Utilität*, wonach die entscheidende Konsequenz die Nützlichkeit des Handelns ist;
3. das *hedonistische* Teilprinzip, nach dem das Handeln dem Glück nützen soll;
4. das *soziale* Teilprinzip, dem entsprechend es nicht um das Glück des Handelnden, sondern um das aller Betroffenen geht.

Es ist nur allzu deutlich, daß diese sogenannten Teilprinzipien in einem Erklärungsverhältnis zueinander stehen; erst gemeinsam formen sie das Prinzip der utilitaristischen Ethik. Im Grunde sind es daher keine Teilprinzipien, sondern Prinzipienteile, Elemente eines einzigen Prinzips. Als Imperativ ließe sich dieses Prinzip vielleicht so formulieren: Wähle unter den dir offenstehenden Handlungsmöglichkeiten jene, die bewirkt, daß das Glück der meisten Menschen, die von deinem Handeln betroffen sind, maximal gefördert wird.

Auf den ersten Blick eine klare und leicht verständliche Regel, deren Anwendung problemlos zu sein scheint, was möglicherweise die Erklärung dafür ist, daß der Utilitarismus in unserer Zeit wieder so starken Anklang findet.

Betrachten wir als Problembeispiel den Fall einer nachweislichen Kindesmißhandlung innerhalb der Familie X. Die Sozialarbeiterin Y wird viel-

[56] O. Höffe, Hg.: Lexikon der Ethik, München 1980.

leicht dafür plädieren, das Kind dem Zugriff des alkoholssüchtigen Vaters zu entziehen, es – vorübergehend – in ein Heim einzuweisen oder einer Pflegefamilie anzuvertrauen, und mit der Restfamilie eine Therapie durchzuführen, für den Vater eine Entziehungskur zu planen. Dieses Bündel von Maßnahmen – so mag sie sich nach Analyse der konkreten familiären Situation ganz im Sinne des Prinzips des ethischen Utilitarismus sagen – dient dem maximal-möglichen Glück sowohl des Kindes als auch seiner Familie, ja u.U. sogar der Nachbarn, die alles jahrelang miterleben mußten. Aus der Sicht des Prinzips wäre es also eine moralisch-richtige Entscheidung.

Leider ist das Verfahren, das sogenannte *hedonistic calculus*, im Alltag nicht immer so einfach durchzuführen; das liegt zum einen an den situativen Gegebenheiten:

Wie sollte beispielsweise die Entscheidung aussehen, wenn die zu Depressionen neigende Mutter mit ihrem Selbstmord droht, wenn ihr das Kind weggenommen werden würde; wenn das Kind selbst in seiner Ursprungsfamilie bleiben möchte, der Vater die Entziehungskur ablehnt und die Familie als ganze jede Therapie verweigert und die Nachbarn gleichgültig sind?

Hinzu kommen grundsätzliche Probleme der Anwendung des Prinzips, das bei *Mill* noch weitere Feinheiten aufweist: *Mill* versteht Glück (happiness) als Lust (pleasure) und Freisein von Unlust (pain) – womit er, deutlich genug, an die Lehre *Epikurs* (341–270) anknüpft – und unterscheidet durchaus zwischen diesem Glück und bloßer Zufriedenheit (content). Er wehrt sich entschieden dagegen, in seiner Identifikation von Glück und Lust eine platte Verherrlichung der Sinnlichkeit zu sehen. Jede seelische Fähigkeit des Menschen hat nach *Mill* vielmehr ihr spezifisches Lustgefühl: der Verstand, die Empfindung, die Vorstellungskraft ebenso wie die Sinne. Und – das ist nun ganz entscheidend – je höher die Fähigkeit, desto höher in der Wertschätzung auch das ihr entsprechende Lustgefühl, also Glück. Genau das sei typisch für den Menschen.

Mill vertritt also eine qualitativ differenzierte Lust- bzw. Glückstheorie. Die Hierarchie der Glückszustände gilt allgemein, wenngleich mißliche Lebensumstände dazu führen können, daß der einzelne nicht die Chance erhält, beispielsweise höheres geistiges Glück zu erleben, weil die entsprechende Fähigkeit in ihm nicht ausreichend gefördert wurde und verkümmert ist. Jeder aber, der sowohl das Glück des vollen Bauches, der sinnlichen Genüsse als auch die geistigen Freuden kennt, wird im Normalfall letztere höher bewerten und nach ihnen trachten. Das Streben nach dieser höheren Lust wird freilich im Leben nicht immer ans Ziel gelangen;

Zufriedenheit ist daher gerade dann nicht immer garantiert, wenn der Mensch nach höchstem (geistigen) Glück strebt. Und dennoch: *Mill* ist überzeugt, daß der Mensch in Kenntnis seiner Möglichkeiten lieber ein „unzufriedener Sokrates“ als ein „zufriedengestelltes Schwein“ ist.

Mill selbst verweist übrigens – worüber seine Gegner in der Regel schweigen, so daß der Verdacht sich regt, daß manche unter ihnen ihn gar nicht gelesen haben – mit Nachdruck darauf hin, daß das Prinzip des ethischen Utilitarismus gar nicht ausweisbar ist, ohne „viele stoische und christliche Elemente“ einzubeziehen.[57] Kurz: der Vorwurf des vulgären Hedonismus[58] ist ihm gegenüber offensichtlich fehl am Platz.

Es ist nicht zu übersehen, daß *Mills* Konzeption qualitativ unterschiedlicher Glückszustände das Kalkül erschwert, das vom Prinzip gefordert wird und der Handlungswahl vorauszugehen hat. Dies ist ein gängiger und durchaus begründeter Einwand gegen seinen Utilitarismus.

Wie sollte denn in einer keineswegs idealen Welt festgestellt und berechnet werden können, welches Glück und wieviel von ihm durch ein bestimmtes Handeln bei den Betroffenen bewirkt wird, von denen der Handelnde ja nun gerade nicht immer und ausreichend das Seelenleben kennt und weiß, ob diese oder jene psychische Fähigkeit, sprich diese oder jene Glücksfähigkeit ausgereift oder unterentwickelt, ja abgestorben ist? Ideale Menschen vorausgesetzt, ließe sich das Kalkül womöglich leichter praktizieren – nur, darin liegt das Paradox, wäre es dann nicht mehr nötig, da ohnehin jeder das Richtige täte.

B. Die Motivation zur Moral

Bei *Mill* und vielen anderen Philosophen fällt auf, daß sie der Frage nach dem Prinzip ethischen Handelns weit mehr Aufmerksamkeit widmen als dem Problem der Motivation. Oft muß der interessierte Leser zwischen den Zeilen herauszufinden versuchen, was die Antwort des Autors ist. Im Falle *J. St. Mills* führt u. a. folgende Textstelle auf die richtige Spur:

---

57 J.St. Mill: Der Utilitarismus, Stuttgart 1976, 14.

58 Der Hedonismus bezeichnet eine Lehre, nach welcher der Lust-Genuß höchstes Lebensziel ist.

„Ein höher begabtes Wesen verlangt mehr zu seinem Glück, ist wohl auch größeren Leidens fähig und ihm sicherlich in höherem Maße ausgesetzt als ein niedriges Wesen; aber trotz dieser Gefährdungen wird es niemals in jene Daseinsweise absinken wollen, die es als niedriger empfindet. Wir mögen dieses Widerstreben erklären, wie wir wollen: wir mögen es dem Stolz zuschreiben – einem Begriff, mit dem man einige der am meisten und einige der am wenigsten schätzenswerten Gefühle, deren die Menschen fähig sind, bezeichnet; wir mögen es der Freiheitsliebe und dem Streben nach Unabhängigkeit zuschreiben, woran die Stoiker appelliert und worin sie eines der wirksamsten Mittel gefunden haben, die Menschen zu diesem Widerstreben zu erziehen; der Liebe zur Macht und zur begeisterten Erregtheit, die beide in ihm enthalten sind. Aber am zutreffendsten wird es als Gefühl der Würde beschrieben, das allen Menschen in der einen oder anderen Weise und im ungefähren Verhältnis zu ihren höheren Anlagen zu eigen ist und das für die, bei denen es besonders stark ausgeprägt ist, einen so entscheidenden Teil ihres Glücks ausmacht, daß sie nichts, was mit ihm unvereinbar ist, länger als nur einen Augenblick lang zu begehren imstande sind.“[59]

So ist es nach *J. St. Mill* dieses „Gefühl der Würde“, das den Menschen zum moralischen Handeln treibt. Das Streben nach diesem dem Menschen im Prinzip möglichen „Gefühl der Würde“ motiviert ihn allerdings deswegen, weil er nur in ihm höchstmögliches Glück zu finden vermag. Eigentlicher Motor ist somit der Wunsch, an dieses Ziel höchsten Glücks zu gelangen.

J. St. Mill ist Empirist, aber kein Vulgärmaterialist. Die Kraft, die – wie er meint – den Menschen zur Moralität bewegt, ist das Streben nach dem ihm, d. h. dem Menschen gemäßen höchsten Glück, das er nur im Gefühl seiner Würde als Vernunftwesen zu finden vermag. Dieses Gefühl gewinnt er aber gerade dadurch, daß er – im Sinne des ethischen Utilitarismus – vernünftig, also zielorientiert denkt und handelt.

C. Das Ziel der Moral

Mills teleologische Konzeption verknüpft sich folgerichtig mit der Vorstellung einer Welt, die durch das ethische Handeln immer erst noch zu realisieren ist und in der ein jeder die Möglichkeit findet, seine edleren Gefühle, seine höheren Fähigkeiten zu entfalten. Das ist auch mit hoher Wahrscheinlichkeit der eigentliche Kern des

---

[59] J.St. Mill: Der Utilitarismus, Stuttgart 1976, 18.

Millschen Gedankens vom sozialen Glück, das durch moralisches Handeln gefördert wird:

„Die Fähigkeit, edlere Gefühle zu empfinden, ist in den meisten Naturen eine äußerst zarte Pflanze, die nicht nur an widrigen Einflüssen, sondern schon an mangelnder Pflege zugrunde gehen kann; und bei den meisten jungen Leuten verkümmert sie sehr früh, wenn die Beschäftigung, zu der sie ihre Stellung im Leben zwingt, und die Gesellschaft, in die sie durch diese versetzt werden, nicht geeignet sind, ihre höheren Fähigkeiten wachzuhalten. Die höheren Bedürfnisse und geistigen Interessen der Menschen sterben ab, weil es ihnen an Zeit und Gelegenheit fehlt, sie zu pflegen; und nicht deshalb geben sie sich niedrigeren Vergnügungen hin, weil sie sie bewußt vorziehen, sondern weil diese die einzigen sind, die ihnen erreichbar und zu deren Genuß sie fähig sind.“[60]

Mills ethischer Utilitarismus ist im Kern Sozial-Utopie, die von der Überzeugung lebt, daß das Glück der Menschen im Prinzip berechenbar und machbar sei – eben durch moralisches Handeln. Moralität hat bei ihm keinen Eigenwert (wie etwa bei *Kant* der gute Wille). Sie wird instrumentalisiert zugunsten nachweisbaren, beobachtbaren menschlichen Glücks. Die Wahrheit zu sagen, fremdes Eigentum zu respektieren, Versprechen zu halten, menschliches Leben zu achten – diese und andere Normen haben im Utilitarismus keine absolute Geltung, sondern sind nur in dem Maße zu befolgen, wie sie helfen, das Glück der größtmöglichen Zahl Handlungsbetroffener zu maximieren.

Das Risiko-Potential dieses „Rezepts“, das eine gehörige Prise machiavellistischen Gedankenguts enthält, zeigt sich, wenn bedacht wird, daß jeder Handelnde dabei zwangsläufig seine eigenen Vorstellungen von Glück oft in die Betroffenen projiziert, ja projizieren muß, um im konkreten Fall handlungsfähig zu bleiben. Derjenige, bei dem die im Millschen Sinne höheren Fähigkeiten aus welchen Gründen auch immer verkümmert sind und dessen höchstes Lebensziel von sozialen Klischees abhängt, der wird auch das Glück der anderen nur in makelloser Gesundheit, künstlich korrigierter Schönheit und im Sinnengenuß sehen, sein eigenes moralisches Handeln entsprechend ausrichten und eben damit unter Umständen zum Unglück all jener Betroffenen beitragen, die ganz andere Glücksvorstellungen haben. Und das alles wird er tun können, es sei unterstrichen, mit der besten Absicht, die aber in der Perspek-

[60] J.St. Mill: Der Utilitarismus, Stuttgart 1976, 20.

tive des teleologisch argumentierenden Utilitarismus kein Gewicht hat.[61]

4.3. Max Scheler: phänomenologische Ethik

4.3.1. Schelers Weltanschauung

Max Scheler (1874–1928), konvertierter Katholik, der sich in späten Jahren allerdings auch wieder von der Kirche entfernte, zählt zu den sogenannten Phänomenologen, also jenen Philosophen, nach deren Überzeugung das wahre Wesen der Dinge sich nur dem *geistigen Schauen* zeigt. Sie wenden sich damit gegen *Kants* These der Unerkennbarkeit der Dinge an sich einerseits, aber auch gegen den Empirismus und Positivismus, wie er sich u. a. ja auch gerade im Utilitarismus *J. St. Mills* manifestiert hatte. In gewisser Weise wiederholt sich in dieser Kontroverse zwischen Utilitarismus und Phänomenologie der alte Gegensatz von Empirismus und Rationalismus, die *Kant* mit seiner kritischen Philosophie (Transzendentalphilosophie) zu überwinden gehofft hatte.

Max Schelers „materiale Wertethik" hat eine metaphysische Weltanschauung zur Voraussetzung, in der das Geistige den Vorrang hat.[62] Im *Geist* sieht *Scheler* die dem Tier, das durchaus Intellekt besitzen kann, fehlende, dem Menschen Überlegenheit sichernde Instanz. Die Fähigkeit des Geistes manifestiert sich in der Wesensschau und im Wertefühlen. *Scheler* betrachtet die Fähigkeit oder besser den Akt des Fühlens, des geistigen Interesses – er wählt dafür den Begriff des „Liebens" – als das Fundament der Person. In seinen geistigen Akten erhebt sich der Mensch über die Enge seiner Umwelt – wohingegen das Tier in seiner jeweiligen Umwelt gefan-

---

[61] Blickt man auf die geistigen Nachfahren Mills im 20. Jahrhundert, etwa auf die Präferenz-Utilitaristen Peter Singer und Helga Kuhse und ihre Beiträge zur Diskussion um Schwangerschaftsabbruch und Euthanasie, so zeigt sich mit aller Klarheit, daß die sich bereits in Mills Konzeption abzeichnende Möglichkeit jederzeit Wirklichkeit werden kann (s. hierzu auch H.Baum: Bannkreise des Tötens, Sankt-Augustin 1995).

[62] Im vorliegenden Zusammenhang soll nicht näher eingegangen werden auf Schelers Denkwandel, der ihn nach 1923 dazu brachte, mit dem Katholizismus zu brechen und den vitalen Drang, das Triebhafte im Menschen als das dem Geiste Übermächtige anzusehen.

gen bleibt – und gewinnt Weltoffenheit, wird Person. „Person" ist das Wesen, das seine geistigen Akte zur inneren Einheit verbindet.

Person und Welt gehören für *Scheler* also untrennbar zusammen, wobei „Welt" nicht die Gesamtheit der Tatsachen meint, welche Gegenstand der Naturwissenschaften oder des sogenannten gesunden Menschenverstandes ist, sondern das, was sich dem geistigen Schauen und vor allem auch dem geistigen Fühlen zeigt und erschließt. Dazu gehören die Werte.

Wertfühlen und Wertewelt, die letztlich im Personalen verankert sind – das ist das metaphysische Fundament der Schelerschen Ethik, das man kennen muß, um seine Ethik zu verstehen.

Werte werden gelebt, werden im Handeln lebendig und im Wertfühlen erschlossen oder erfahren. Die Welt der Werte ist eine ihnen eigene, nicht zu verwechseln mit der Welt der dinglichen Gegebenheiten, wohl aber „objektiv" wie sie. *Max Scheler* verneint jeden Wertrelativismus im Sinne lediglich subjektiv beliebiger Wertschätzungen. Die Werte bilden eine ihnen eigentümliche Welt, stehen in einer hierarchisch gegliederten Ordnung zueinander.

Den Wertstufen entsprechen Stufen des Wertfühlens, das nach *Scheler* ein intentionaler Akt ist, d. h. ein zielgerichtetes bewußtes Handeln, das dabei das Ziel aber gerade zur Voraussetzung hat. Den Stufen des Wertfühlens ordnet *Scheler* schließlich noch bestimmte Person-Typen zu. So ergibt sich folgendes Bild:

1. Auf der niedrigsten Stufe stehen die Werte des Angenehmen und Unangenehmen, die im sinnlichen Fühlen (Lust, Schmerz) erfaßt werden, zu dem insbesondere der personale Typ des Genußmenschen neigt.

2. Darüber erhebt sich die Stufe der Werte des Edlen und Gemeinen, die im vitalen Fühlen (Gesundheit, Krankheit, Altersbeschwerden) erfaßt werden und für die vor allem der Person-Typ des Helden empfänglich ist.

3. Noch eine Stufe höher liegen die klassischen Werte des Schönen und Häßlichen, des Rechten und Unrechten, des Wahren und Falschen, denen die geistige Sensibilität des künstlerischen, gesetzgeberischen und philosophischen Person-Typs entspricht.

4. Die Wertehierarchie gipfelt endlich in den Werten des Heiligen und Unheiligen, die in Seligkeit und Verzweiflung vom Person-Typ des Heiligen vorrangig gefühlt werden.

Für *Max Scheler*, das muß der Klarheit halber betont werden, gibt es also fraglos Werte an sich, die sich der Person im Akt ihres spezifischen Wert*fühlens* zeigen, dabei aber keiner rationalen Argumentation zugänglich sind.

Die im vorliegenden Zusammenhang bedeutsamen moralischen Werte des Rechten und Unrechten gehören zur dritten Gruppe. Sie zeichnen sich durch ein interessantes Charakteristikum aus, das derjenigen Person, die sie fühlt, mit Evidenz deutlich wird:

Moralische Werte geistig zu fühlen heißt, eine von ihnen ausgehende Aufforderung zu erfahren. Es ist gewissermaßen ein allgemeines Sein-Sollen, das seinen Geltungsanspruch an die fühlende Person richtet.

So wird beispielsweise der moralische Wert der Wahrhaftigkeit zugleich als Aufforderung gefühlt, selbst wahrhaftig zu sein. Und Gleiches gilt für alle anderen ethischen Werte wie die Redlichkeit, die Besonnenheit, die Solidarität usw. Im konkreten Fall, in der Alltagsssituation wandelt sich dieses allgemeine Sein-Sollen, d. h. der generelle Geltungsanspruch ethischer Werte in eine den jeweiligen Gegebenheiten entsprechende direkte Aufforderung an den Handelnden: Sage jetzt zu diesem Menschen die Wahrheit; sei redlich zu diesem Klienten!

Die Fähigkeit des Wertefühlens ist – wie das Schema ahnen ließ – nicht bei allen Personen in gleicher Weise ausgeprägt, wie diese Personen ja auch für die unterschiedlichen Wertsphären sehr verschieden sensibel sein können.

Auf dem Hintergrund dieser soeben skizzierten Weltdeutung entfaltet *Scheler* nun seine sogenannte „materiale Wertethik“, die sich ausdrücklich gegen den (angeblichen) ethischen Formalismus *Kants* wendet.

4.3.2. Schelers axiologische Begründung

Wenn – wie im Falle *Schelers* – Werte als etwas objektiv Reales, von der subjektiven Wertschätzung Unabhängiges verstanden werden, so muß die Bewertung moralischen Handelns selbstverständlich diese objektive Werte-Ordnung respektieren: Die axiologische Begründung ist zwingend.

Die Bewertung der Folgen eines Handelns (im Sinne des teleologischen Begründungsmodelles) kann dagegen hier deswegen nicht zum Tragen kommen, weil sie ja bereits die fundamentalere axiologische voraussetzt.

Und ein Gleiches ist zur deontologischen Begründung zu sagen, da guter Wille und Pflichterfüllung Werte sind, die ihren Ort in der dabei vorausgesetzten Axiologie haben.

4.3.3. Schelers normative Ethik

Max Schelers Ethik übt nicht nur Kritik an der formalen Pflicht- oder Gesinnungsethik *Kants* einerseits, sondern auch an den konsequentialistischen Ethikentwürfen andererseits, die übrigens oft Gefahr laufen, weniger Ethik als Pragmatismus zu sein, nämlich die Moral zur Erreichung außermoralischer Zwecke zu instrumentalisieren. (So wie es z. B. der klassische Utilitarismus tut, der die Moral im Dienst der Glücks-Maximierung instrumentalisiert.)

Bei *Kants* deontologischer Ethik billigt *Scheler* den Ansatz *a priori*, der die ethischen Entscheidungen der Willkür subjektiver Zielsetzungen entzieht; er bemängelt dagegen die inhaltliche Leere, die fehlende materiale (inhaltliche) Bestimmtheit des moralischen Gesetzes der Vernunft.

Der Einwand kehrt sich logischerweise um im Hinblick auf die teleologischen Begründungsmodelle, bei denen *Scheler* zwar einen gewissen Reichtum inhaltlicher Ziele (und damit Werte) sieht, andererseits aber den Verlust der Allgemeingültigkeit von Normen fesstellt, da jedes *a priori* geleugnet wird, insofern nur noch Erfahrungstatsachen für die moralische Qualität einer Handlung entscheidend sein sollen.

Schelers materiale Wertethik versucht also die Vorzüge der beiden anderen Begründungsmodelle zu wahren und gleichzeitig das zu korrigieren, was er an ihnen nicht akzeptieren zu können meint. Seine Lehre der moralischen Werte bietet, wie er überzeugt ist, die gesuchte Möglichkeit:
- inhaltliche Bestimmtheit und Vielfalt von Werten
- bei gleichzeitiger Unabhängigkeit von aller sinnlichen Erfahrung und damit subjektiver Relativität, also Allgemeingültigkeit.

Eine jede moralisch-sensible Person kennt und anerkennt nach *Scheler* so beispielsweise den Wert der Hilfsbereitschaft, der Fairness, der Wahrhaftigkeit usw.

A. Das Prinzip der Moral

Wie steht es nun um das gesuchte Prinzip der Schelerschen Ethik?

Kann es überhaupt eine allgemeine Grundregel in einer Ethik geben, die sich preist, den leeren Formalismus überwunden zu haben? Muß nicht jedes Prinzip letztlich mehr oder weniger formalistisch sein?

Das Prinzip der Schelerschen Ethik ergibt sich folgerichtig aus dem Aufforderungs-Charakter der Werte: Handle nach Deinem moralischen Wert-Fühlen! oder: Handle in Übereinstimmung mit den von Dir gefühlten moralischen Werten!

Diesem Prinzip Folge zu leisten, wird kaum immer angenehm sein, weder für den Handelnden noch für alle Betroffenen, denn eine unmittelbare Steigerung des Glücks ist keineswegs auf diese Weise vorprogrammiert. Auch sind Konfliktsituationen vorstellbar, in denen eine Entscheidung zwischen Werten gefordert wird, deren Respektierung gefühlsmäßig gleichermaßen abverlangt wird – eine Schwierigkeit, die in der einen oder anderen Weise letztlich jede Ethik kennt. Das Hauptproblem des Schelerschen Ethik-Prinzips ist dennoch ein anderes, das deutlich zu werden beginnt, wenn über seine Anwendung nachgedacht wird.

Es genügt, ein beliebiges moralisch relevantes Beispiel sozialer Arbeitspraxis herauszugreifen und sich das Handeln einer Sozialarbeiterin X im Sinne der materialen Wertethik Schelers *dabei vorzustellen. Dabei zeigt sich, daß es nämlich nur allzu leicht ist, sich zahlreiche Handlungsvarianten zu denken – je nachdem, welcher Person-Typ gewählt wird und wie stark seine Ausprägung im betreffenden Individuum angenommen wird.*

Schelers materiale Wertethik entzieht sich – gerade in ihrer praktischen Umsetzung – einer rationalen Argumentation: Das Wert-*Fühlen* des Individuums ist nicht überprüfbar. So endet die materiale Wertethik letztlich unweigerlich im Subjektivismus und insofern auch im ethischen Relativismus, den *Scheler* doch gerade vermeiden wollte.

B. Die Motivation zur Moral

Es wurde schon weiter oben gesagt, daß nach *Schelers* Welt- und Menschenbild der Mensch vor allem anderen in einem liebenden Verhältnis zur Welt steht, wobei Liebe hier die Tendenz meint, die Grenzen des eigenen Seins zu sprengen. Der Mensch ist nach *Scheler* in diesem Sinne ein liebendes Wesen (*ens amans*) bzw. ein Wesen, das in seinen Akten sich auf andere hin orientiert, fähig zur Teilnahme an anderen ist (*ens intentionale*), ohne aber diese sich dadurch anzueignen. Nach *Scheler* ist das liebende Verhalten, das für den Menschen seines Erachtens wesentlich ist, fundamentaler als jedes Erkennen und Wollen, geht diesen voraus und ist in ihnen stets mit enthalten.

Eben diese liebende Tendenz ist auch der eigentliche Beweggrund ethischen Handelns, da sie den Menschen zum *anderen* lenkt und damit immer schon einem blanken Egoismus entgegensteuert. Die fundamentale liebende Tendenz im handelnden (menschlichen) Subjekt wird allerdings noch verstärkt im Fühlen der moralischen Werte, deren Aufforderung, wie bereits gesagt, anziehende Kraft hat.

Deutlich im Gegensatz zu *Kant*, aber auch *Mill* liegt bei *Scheler* der Beweggrund ethischen Handelns zwar im Geistigen, aber im irrationalen Gefühl, nicht in der Wesens-Schau, sondern im Werte-Fühlen.

C. Das Ziel der Moral

Im ethischen Denken *Max Schelers* verschmelzen

a) seine Theorie des Wertfühlens,
b) sein Personalismus und
c) seine Kulturanalyse.

Das Handeln im Geiste der gefühlten höheren Werte führt den Menschen selbst zu höheren personalen Ebenen: in seinem Handeln verwirklichen sich jene gefühlten Werte, und er selbst wird dadurch zum liebenden Wesen. Das aber geschieht nicht im Vakuum, sondern in der geschichtlichen Welt. In den Jahren nach dem ersten Weltkrieg entwickelt *Scheler* seine Gedanken von einem „christlichen Sozialismus" (Solidarismus), der sich handelnd gegen den Geist des Kapitalismus wendet, nach dem das Profitstreben höchstes Lebensziel ist. Es gilt, diese Wertverkehrung aufzuheben, was auf rein ökonomischem Wege (wie es *Marx* vorschwebte) nicht möglich sei. Ergebnis einer rein ökonomisch ausgerichteten Revolution wäre die weltweite Ausbreitung des Gesinnungskapitalismus. Um dies zu verhindern, müsse es gelingen, den christlichen Opfergedanken, den Wert der „wechselseitigen realen Solidarität aller für alle" neu zu beleben, nach dem das jeweils eigene auch dem anderen gehört, und nicht das umgekehrte Gesetz befolgt wird.

4.4. Friedrich Nietzsche: lebensphilosophische Ethik

4.4.1. Nietzsches Weltanschauung

Friedrich Nietzsche (1844–1900), Sohn eines protestantischen Pfarrers und selbst für einige Semester Student der Theologie, hat in seinen entscheidenden philosophischen Schriften den Atheismus *Arthur Schopenhauers*[63] fortgesetzt und radikalisiert. „Gott ist tot." – das ist ein *Nietzsche*-Satz. Dieser Atheismus prägt *Nietzsches* Weltanschauung und Ethik. Es gibt kaum einen anderen Denker, bei dem Weltanschauung und Ethik so eng verflochten sind, wie *Nietzsche*. Man könnte ohne zu übertreiben so weit gehen, zu sagen, daß im Falle *Nietzsches* Weltanschauung und Ethik ein und dasselbe sind. Seine Ethik impliziert eine Welt-Sicht, die mit der traditionellen bricht, oder – anders formuliert: seine Sicht der Welt ist zugleich radikale Absage an eine über 2000-jährige Ethik-Tradition.[64]

Nietzsche selbst nennt sich „Immoralist" und spricht von seinem Werk als einem „Feldzug gegen die Moral".[65] Gemeint ist der Kampf gegen eine Moral des Mitleids, der Nächstenliebe, der Triebschwächung, der Verneinung eigener Macht zugunsten fremder Zwecke und objektiver Sinn-Versprechungen. Damit stehen wir bereits beim Kern der Nietzscheschen Weltanschauung: seinem Nihilismus.

Im fünften Buch der „Fröhlichen Wissenschaft", das die Überschrift trägt „Wir Furchtlosen", kommt *Nietzsche* auf *Schopenhauer* zu sprechen und schreibt:

> „Die Natur ansehen, als ob sie ein Beweis für die Güte und Obhut eines Gottes sei; die Geschichte interpretieren zu Ehren einer göttlichen Vernunft, als beständiges Zeugnis einer sittlichen Weltordnung und sittlicher Schlußabsichten; die eigenen Erlebnisse auslegen, wie sie fromme Menschen lange genug ausgelegt haben, wie als ob alles Fügung, alles Wink, alles dem Heil der Seele zuliebe ausgedacht und geschickt sei. Das ist nunmehr vorbei ... Indem wir die christliche Interpretation dergestalt von uns stoßen und ihren ‚Sinn' wie eine Falschmünzerei verurteilen, kommt nun sofort auf eine furchtbare Weise die *Schopenhauersche* Frage zu uns: *hat denn das Dasein überhaupt einen Sinn?* – eine Frage, die ein paar Jahrhunderte brauchen wird, um auch nur vollständig und in alle ihre Tiefe hinein gehört zu werden."[66]

Nietzsche selbst war von sich überzeugt, die Schopenhauersche Frage nicht nur vollständig gehört, sondern auch verstanden und –

---

[63] s. Kap. 5.2.2.4.1.A

[64] Allerdings lebt bei Nietzsche in gewisser Weise wieder ein Denken auf, dem man in den Dialogen Platons (427-347) z. B. in Gestalt des Sophisten Thrasymachos begegnet.

[65] s. hierzu Nietzsches Autobiographie „Ecce homo".

[66] F. Nietzsche: Die Fröhliche Wissenschaft, Werke III, 228.

vor allem: – richtig beantwortet zu haben: Es gibt keinen objektiven oder gar absoluten Sinn. Alle angeblichen Sinn-Deutungen der Welt – seien es künstlerische, religiöse oder philosophische – sind „Kammerdiener irgendeiner Moral".[67] Es gibt keinen Zweck des Daseins:

„Damit das, was notwendig und immer, von sich aus und ohne allen Zweck geschieht, von jetzt an auf einen Zweck hin getan erscheine und dem Menschen als Vernunft und letztes Gebot einleuchte – dazu tritt der ethische Lehrer auf, als der Lehrer vom Zweck des Daseins ..."[68]

Gegen die Lehre vom Zweck des Daseins und Handelns setzt *Nietzsche* seinen Nihilismus.

„Nihilismus" bedeutet für ihn, „daß die obersten Werte [und mit ihnen in der Konsequenz alle anderen] sich entwerten. Es fehlt das Ziel [der Zweck]. Es fehlt die Antwort auf das ‚Wozu?'."[69]

Nihilismus ist somit die Einsicht in den lediglich menschlichen Ursprung, d. h. in den illusorischen Charakter der Werte, denen keine objektive Realität entspricht. Er hat zunächst zwei grundsätzliche Spielarten; es gibt

a) den *aktiven Nihilismus* als Zeichen geistiger Stärke, fähig zu Ablehnung und Zerstörung bisheriger Zielvorstellungen und Sinngebungen und

b) den *passiven Nihilismus*, dem die Kraft fehlt, sich ein neues Ziel zu geben.[70]

„Der Nihilismus als normales Phänomen kann ein Symptom wachsender Stärke sein oder wachsender Schwäche:
teils, daß die Kraft, zu schaffen, zu wollen, so gewachsen ist, daß sie diese Gesamt-Ausdeutungen und *Sinn*-Einlegungen nicht mehr braucht ...;
teils, daß selbst die schöpferische Kraft, *Sinn* zu schaffen, nachläßt und die Enttäuschung der herrschende Zustand wird. Die Unfähigkeit zum *Glauben* an einen ‚Sinn', der ‚Unglaube'."[71]

Wenn *Nietzsche* sich als Nihilist versteht, so als Repräsentant der aktiven Variante, als Zerstörer aller überlieferten Werte und damit

---

[67] F. Nietzsche: Die fröhliche Wissenschaft, Werke III, 34.
[68] F. Nietzsche: Die fröhliche Wissenschaft, Werke III, 35.
[69] F. Nietzsche: Aus dem Nachlaß der Achtzigerjahre, Werke VI, 557.
[70] vgl. F. Nietzsche: Aus dem Nachlaß der Achtzigerjahre, Werke VI, 557-558.
[71] F. Nietzsche: Aus dem Nachlaß der Achtzigerjahre, Werke VI, 550.

auch Moralen. Aber *Nietzsche* geht noch einen Schritt weiter: er vertritt nicht nur den soeben kurz skizzierten „Nihilismus als normales Phänomen", er lehrt auch den Nihilismus in seiner extremsten Form:

„Die *Dauer*, mit einen ‚Umsonst', ohne Ziel und Zweck, ist der *lähmendste* Gedanke, namentlich noch, wenn man begreift, daß man gefoppt wird und doch ohne Macht ist, sich nicht foppen zu lassen. Denken wir diesen Gedanken in seiner furchtbarsten Form: das Dasein, so wie es ist, ohne Sinn und Ziel, aber unvermeidlich wiederkehrend, ohne ein Finale ins Nichts: *‚die ewige Wiederkehr'*. Das ist die extremste Form des Nihilismus: das Nichts (das ‚Sinnlose') ewig!"[72]

Der Nihilismus als Absage an Werte und gültige (moralische) Normen verbindet sich hier mit der (altindischen) Vorstellung der ewigen Wiederkehr, des kosmischen Kreislaufs. Der Mensch kann dem Nichts nicht entkommen; jede Hoffnung auf eine Lösung und Erlösung, auf einen Durchbruch ist illusorisch. Im Lichte dieser ewigen Sinnlosigkeit oder auch sinnlosen Ewigkeit erweisen sich alle je erdachten Sinngebungs-Versuche und d. h. Moralen als lächerlich:

„Es ist nicht zu leugnen, daß *auf die Dauer* über jeden einzelnen dieser großen Zwecklehrer (Moralisten) bisher das Lachen und die Vernunft und die Natur Herr geworden ist: die kurze Tragödie ging schließlich immer in die ewige Komödie des Daseins über und zurück; und die ‚Wellen unzähligen Gelächters' – mit Äschylos zu reden – müssen zuletzt auch über den größten dieser Tragöden noch hinwegschlagen. Aber bei alle diesem korrigierenden Lachen ist im ganzen doch durch dies immer neue Erscheinen jener Lehrer vom Zweck des Daseins die menschliche Natur verändert worden – sie hat jetzt ein Bedürfnis mehr, eben das Bedürfnis nach dem immer neuen Erscheinen solcher Lehrer und Lehren vom ‚*Zweck*'. Der Mensch ist allmählich zu einem phantastischen Tier geworden, welches eine Existenz-Bedingung mehr als jedes andre Tier zu erfüllen hat: der Mensch *muß* von Zeit zu Zeit glauben, zu wissen, *warum* er existiert, seine Gattung kann nicht gedeihen ohne ein periodische Zutrauen zu dem Leben!"[73]

Der moralische, genauer: der moralisierte Mensch ist für *Nietzsche* dekadent, Produkt der Fehlentwicklung der eigenen (Moral-)Geschichte, wobei die jüdisch-christliche Geschichte und Moral besonders verhängnisvoll ist. Die Zerstörung der Scheinwerte der

---

72 F. Nietzsche: Aus dem Nachlaß der Achtzigerjahre, Werke VI, 853.
73 F. Nietzsche: Die fröhliche Wissenschaft, Werke III, 35.

christlichen Vorstellung einer linear (nicht kreisförmig!) verlaufenden Heilsgeschichte und einer Moral der Nächstenliebe ist das kritische Hauptanliegen des aktiven Nihilismus *Nietzsches*. Von dieser Zerstörung verspricht er sich eine Renaissance der Starken und Großen, der das Leben bejahenden Übermenschen, eine Überwindung selbstzerstörerischen *Mitleids*.

Die christliche Moral mitleidsvoller Nächstenliebe ist nach *Nietzsche* die Moral von Herdentieren, von Schwächlingen, Zukurzgekommenen, eine Moral des *ressentiments* gegen die Starken. Im Grund gilt das freilich für jede traditionelle Moral, denn hinter einer jeden steht „Wille zur Macht". Im Willen zur Macht aber verstecken sich drei Macht-Instinkte:

„1. der Instinkt der *Herde* gegen die Starken und Unabhängigen; 2. der Instinkt der *Leidenden* und Schlechtweggekommenen gegen die Glücklichen; 3. der Instinkt der *Mittelmäßigen* gegen die Ausnahmen."[74]

Die traditionelle Moral ist also die Spielart des „Willens zur Macht", die bei Schwächlingen anzutreffen ist. Sie ist lediglich ihre Interpretation der Welt zu ihren eigenen Gunsten. *Nietzsche* schreibt hierzu:

„... es gibt keine moralischen Phänomene, sondern nur eine moralische Interpretation dieser Phänomene."[75]

Moral ist das Instrument der Schwachen, die Starken zu zügeln, ihren Lebenswillen zu brechen, sie auf die Stufe der Mittelmäßigkeit und Schwäche herabzuziehen.

„In der *Geschichte der Moral* drückt sich also ein *Wille zur Macht* aus, durch den bald die Sklaven und Unterdrückten, bald die Mißratenen und Ansich-Leidenden, bald die Mittelmäßigen den Versuch machen, die *ihnen* günstigsten Werturteile durchzusetzen. Insofern ist das Phänomen der Moral vom Standpunkt der Biologie aus höchst bedenklich. Die Moral hat sich bisher entwickelt auf *Unkosten*: der Herrschenden[76] und ihrer spezifischen Instinkte, der Wohlgeratenen und *schönen* Naturen, der Unabhängigen und Privilegierten in irgendeinem Sinne. Die Moral ist also eine *Gegenbewegung*

---

[74] F. Nietzsche: Aus dem Nachlaß der Achtzigerjahre, Werke VI, 519.
[75] F. Nietzsche: Aus dem Nachlaß der Achtzigerjahre, Werke VI, 485.
[76] Diese These Nietzsches ist im Grunde die Umkehrung der marxistischen Ethik-Kritik, nach der die herrschende Moral einer Gesellschaft stets die Moral der Herrschen ist.

gegen die Bemühungen der Natur, es zu einem *höheren Typus* zu bringen.[77] Ihre Wirkung ist: Mißtrauen gegen das Leben überhaupt (insofern dessen Tendenzen als ,unmoralisch, empfunden werden) – Sinnlosigkeit, Widersinn (insofern die obersten Werte als im Gegensatz zu den obersten Instinkten empfunden werden) – Entartung und Selbstzerstörung der ,höheren Naturen„ weil gerade in ihnen der Konflikt *bewußt* wird.“[78]

Moral ist für *Nietzsche* ganz und gar nicht die „zweite Natur“ des Menschen, sondern etwas zutiefst Widernatürliches. Im geschichtlichen Widerstreit von Natur und Moral hat nach *Nietzsche*, wie gesagt, das Christentum mit seiner expliziten Moral der Nächsten- ja sogar Feindesliebe eine herausragend unheilvolle Rolle gespielt:

„Man soll das Christentum nicht schmücken und herausputzen: es hat einen *Todkrieg* gegen diesen *höheren* Typus Mensch gemacht, es hat alle Grundinstinkte dieses Typus in Bann getan, es hat aus diesen Instinkten das Böse, *den* Bösen herausdestilliert – der starke Mensch als der typisch Verwerfliche, der ,verworfene Mensch‘. Das Christentum hat die Partei alles Schwachen, Niedrigen, Mißratnen genommen, es hat ein Ideal aus dem *Widerspruch* gegen die Erhaltungs-Instinkte des starken Lebens gemacht.“[79]

Nietzsche wendet sich vehement gegen die Moral der Nächstenliebe und des Mitleids und entfaltet dabei seine eigene normative Ethik oder genauer Gegen-Ethik.

Fassen wir zusammen: *Nietzsche* sieht die Welt als den Ort permanenten Kampfes gegensätzlicher Kräfte; aber nicht etwa im moralistischen Sinne: als Ort des Kampfes zwischen Gut und Böse. Sein „Zarathustra“ hat wenig mit dem Reformator der altpersischen Religion zu tun, dessen Dualismus ja gerade den Kampf des Lichtes und des Guten mit den Kräften der Finsternis und des Bösen lehrte. Für *Nietzsche* handelt es sich um eine biologische Auseinandersetzung zwischen Starken und Schwachen, genauer: zwischen der breiten Masse der Schwächlinge, Kränkelnden einerseits und den einsamen Starken, das Leben Bejahenden andererseits. Biologisch ist der Kampf im Grunde immer schon entschieden. Der Mensch aber, nach *Nietzsche* „eine kleine überspannte Tierart“ [80], jedoch die listigste, hat die (traditionelle, christliche)

---

[77] Eben diese Auffassung wurde und wird auch von sozialdarwinistschen Denkern (A. Ploeth und B. Haycraft u. a.) vertreten.
[78] F. Nietzsche: Aus dem Nachlaß der Achtzigerjahre, Werke VI, 905.
[79] F. Nietzsche: Der Antichrist, Werke IV, 1167.
[80] F. Nietzsche: Aus dem Nachlaß der Achtzigerjahre, Werke VI, 836.

Moral erfunden, um die Gesetze des Lebens außer Kraft zu setzen. Moral – die erfindungsreiche Waffe der Schwachen, um im Kampf gegen die Starken als Sieger hervorzugehen.
Sollte ihnen dieser Sieg gelingen, so wäre es allerdings ein Pyrrhus-Sieg, denn er wäre gleichzeitig der Untergang ihrer Art. Anders formuliert: die Schwachen mögen mit Hilfe ihrer Moral die Starken überlisten, aber „am Ende" siegt die Natur über die Moral. Im ewigen Kreislauf des Sinnlosen ist die moralisierende Sinngebung nicht von Dauer.

4.4.2. Nietzsches teleologische Begründung

Wenngleich *Nietzsche* seinen Nihilismus keineswegs definitiv, sondern als eine notwendige Durchgangsphase, als Überwindung der lebensfeindlichen traditionellen Moral und ihrer Werte verstanden wissen möchte [81], so bedeutet er dennoch das Aus für eine axiologische Begründung, die von der Annahme lebt, daß dem Menschen objektive Werte vorgegeben sind. Der starke Mensch der Zukunft, von dem *Nietzsche* träumt, ist ja gerade der, dessen Stärke sich in der Fähigkeit und im Willen zur Macht zeigt, *seine* eigenen Werte durchzusetzen.

Dieser ausgeprägte Wille zur Macht steht auch jeder Verpflichtung (und damit dem deontologischen Begründungsmodell) fremd gegenüber, die ihm Ketten anlegen, ihn einschränken würde.

Gut ist einzig und allein ein Handeln und Verhalten, das – so weit dies überhaupt möglich sein sollte – den Willen zur Macht noch stärkt. Der gesteigerte Wille zur Macht als *Folge* des eigenen Handelns verbürgt dessen moralischen Adel. *Nietzsches* teleologische Begründung ist Konsequenz seiner Weltanschauung.

4.4.3. Nietzsches normative Ethik

So untrennbar *Nietzsches* Weltanschauung mit moralischen Überlegungen verknüpft ist, so eng bzw. dialektisch ist nun auch die Kopplung zwischen *Nietzsches* Kritik traditioneller Moral und den Elementen seiner eigenen normativen Ethik bzw. Gegen-Ethik.

Nietzsche will seinen aktiven Nihilismus nicht mißverstanden sehen. Dieser Nihilismus ist nicht das Ende schlechthin, sondern

[81] s. Kap. 4.4.3.

nur das Beenden einer Phase des Betrugs, der Verschwörung der Schwachen gegen die Starken mit Hilfe moralischer Pseudo-Werte:

„Denn man vergreife sich nicht über den Sinn des Titels, mit dem dies Zukunfts-Evangelium benannt sein will. ‚*Der Wille zur Macht.* Versuch einer Umwertung aller Werte, – mit dieser Formel ist eine *Gegenbewegung* zum Ausdruck gebracht, in Absicht auf Prinzip und Aufgabe; eine Bewegung, welche in irgendeiner Zukunft jenen vollkommenen Nihilismus ablösen wird; welche ihn aber voraussetzt, logisch und psychologisch; welche schlechterdings nur *auf ihn und aus ihm* kommen kann. Denn warum ist die Heraufkunft des Nihilismus nunmehr notwendig? Weil unsre bisherigen Werte selbst es sind, die in ihm ihre letzte Folgerung ziehen; weil der Nihilismus die zu Ende gedachte Logik unsrer großen Werte und Ideale ist, – weil wir den Nihilismus erst erleben müssen, um dahinter zu kommen, was eigentlich der Wert dieser ‚Werte' war ... Wir haben, irgendwann, *neue Werte* nötig ...“[82]

Nietzsches Ethik, seine Lehre von den neuen Werten ist im Kern nichts anderes als eine Rückkehr: die Wiedergewinnung des *Natur*-Zustandes, in dem das Recht des Stärkeren gilt. Diese Rückkehr verlangt zunächst die Kritik der alten zwischenzeitlichen Werte der Moral. Die zerstörerische Gewalt des Nietzscheschen Nihilismus wendet sich daher gegen Nächstenliebe, Altruismus und Mitleid und versucht ihre – für den Starken – selbstzerstörerischen Tendenzen und Wirkungen aufzuweisen:

„Man nennt das Christentum die Religion des *Mitleidens.* – Das Mitleiden steht im Gegensatz zu den tonischen Affekten, welche die Energie des Lebensgefühls erhöhen: es wirkt depressiv. Man verliert Kraft, wenn man mitleidet. Durch das Mitleiden vermehrt und vervielfältigt sich die Einbuße an Kraft noch, die an sich schon das Leiden dem Leben bringt. Das Leiden selbst wird durch das Mitleiden ansteckend; unter Umständen kann mit ihm eine Gesamt-Einbuße an Leben und Lebens-Energie erreicht werden, die in einem absurden Verhältnis zum Quantum der Ursache steht ... Das ist der erste Gesichtspunkt; es gibt aber noch einen wichtigeren. Gesetzt, man mißt das Mitleiden nach dem Werte der Reaktionen, die es hervorzubringen pflegt, so erscheint sein lebensgefährlicher Charakter in einem noch helleren Lichte. Das Mitleiden kreuzt im ganzen großen das Gesetz der Entwicklung, welches das Gesetz der *Selektion* ist. Es erhält, was zum Untergang reif ist, es wehrt sich zugunsten der Enterbten und Verurteilten des Lebens, es gibt durch die Fülle des Mißratenen aller Art, das es im Leben *festhält,* dem Leben selbst einen düsteren und fragwürdigen Aspekt ... dieser depressive

[82] F. Nietzsche: Aus dem Nachlaß der Achtzigerjahre, Werke VI, 634-635.

und kontagiöse Instinkt kreuzt jene Instinkte, welche auf Erhaltung und Wert-Erhöhung des Lebens aus sind: er ist ebenso als *Multiplikator* des Elends wie als *Konservator* alles Elenden ein Hauptwerkzeug zur Steigerung der *décadence.* Mitleiden überredet zum *Nichts* ... Man sagt nicht ‚Nichts'; man sagt dafür ‚Jenseits': oder ‚Gott'; oder ‚das wahre Leben'; oder Nirwana, Erlösung, Seligkeit ...“[83]

Mitleid ist demnach nichts anderes als ein instinkthaftes Verhalten, das aus dem passiven, dekadenten Nihilismus erwächst. Und auch der Altruismus erweist sich bei näherem Hinsehen als Egoismus der Schwachen, der Herdentiere:

„Der Altruismus der Gesinnung ... ist ein Instinkt dafür, sich wenigstens einen *zweiten* Wert zu schaffen, im Dienst *anderer* Egoismen. Meistens aber ist er nur *scheinbar*: ein Umweg zur Erhaltung des *eigenen* Lebensgefühls, Wertgefühls.“[84]

„*Kein Altruismus!* – Ich sehe an vielen Menschen eine überschüssige Kraft und Lust, Funktion sein zu wollen.“[85]

Es sind die Schwachen, die zum Altruismus neigen, um sich im Dienst anderer Schwächlinge unentbehrlich und damit jene noch schwächer zu machen, als sie ohnehin sind. Auch im Altruismus zeigt sich so Wille zur Macht.

Der Zerstörung traditioneller Tugenden und Moralvorstellungen folgt nun die explizite Darstellung der neuen Werte und Lebenshaltung, die dem Starken zur Gewohnheit (Moral) werden soll.

A. Die Motivation zur Moral

Der Wille zur Macht ist die alles bewegende Kraft in allem, was lebt. Und eben das ist dann auch schon der richtige, da naturgemäße *Beweggrund.* Der Wille zur Macht zeigt sich selbstverständlich in unterschiedlicher Weise, je nachdem, ob das betreffende Lebewesen stark oder schwächlich, lebensfähig oder von Natur aus dem Untergang geweiht ist. Sich abbringen zu lassen von der richtigen Motivation zum Handeln, die im naturgemäßen Willen zur Macht vorgegeben ist und sich bewährt hat, heißt, der *décadence* zu verfallen. Mitleid als Motivation ist Ausdruck von Schwäche, von

---

83 F. Nietzsche: Der Antichrist, Werke IV, 1168-1169; vgl. auch: Aus dem Nachlaß der Achtzigerjahre, Werke VI, 886.

84 F. Nietzsche: Aus dem Nachlaß der Achtzigerjahre, Werke VI, 558.

85 F. Nietzsche: Die fröhliche Wissenschaft, Werke III, 123.

bloßem *Mensch*sein. Der Mächtige, der *Über*-Mensch dagegen, der in der Lage ist, Großes zu erreichen und zu bewirken,

„(fühlt) die Kraft und den Willen in sich . . . , große Schmerzen *zuzufügen* . . . Das Leidenkönnen ist das wenigste: darin bringen es schwache Frauen und selbst Sklaven oft zur Meisterschaft. Aber nicht an innerer Not und Unsicherheit zugrunde gehen, wenn man großes Leid zufügt und den Schrei dieses Leides hört – das ist groß, dazu gehört Größe.“[86]

Man begreift bei diesem Text, was die Absage an die alten (christlichen) Werte und ihre motivierende Kraft bedeutet. Und man ahnt, was nun auch als das richtige Handeln, als Prinzip des richtigen Handelns angesehen werden muß.

B. Das Prinzip der Moral

Aus jenen neuen Werten, von denen *Nietzsche* ja sagt, daß wir sie irgendwann nötig haben, macht er kein Geheimnis:

„Was ist gut? – Alles, was das Gefühl der Macht, den Willen zur Macht, die Macht selbst im Menschen erhöht. Was ist schlecht? – Alles, was aus der Schwäche stammt. Was ist Glück? – das Gefühl davon, daß die Macht wächst – ein Widerstand überwunden wird. *Nicht* Zufriedenheit, sondern mehr Macht; *nicht* Friede überhaupt, sondern Krieg; *nicht* Tugend, sondern Tüchtigkeit (Tugend im Renaissance-Stil, *virtu,* moralinfreie Tugend).“[87]

Das Prinzip, das *Nietzsche* lehrt, lautet also: Nimm dich selbst in die Zucht, lasse dich nicht durch falsche Beweggründe zum Schwächling machen. Erhebe dich selbst zum Übermenschen. Lebe deinen Willen zur Macht aus und steigere deinen Machtwillen, so weit du nur kannst!

Das hat Konsequenzen des Verhaltens und Handelns gegenüber den Schwachen und Benachteiligten:

„Die Schwachen und Mißratenen sollen zugrunde gehen: erster Satz *unsrer* Menschenliebe. Und man soll ihnen noch dazu helfen. Was ist schädlicher als irgendein Laster? – das Mitleiden der Tat mit allen Mißratnen und Schwachen – das Christentum . . .“[88]

---

[86] F. Nietzsche: Die fröhliche Wissenschaft, Werke III, 188.
[87] F. Nietzsche: Der Antichrist, Werke IV, 1165-1166.
[88] F. Nietzsche: Der Antichrist, Werke IV, 1166.

Im Geist der neuen Werte zu handeln, verlangt, die naturgemäße Rolle des Starken gegenüber den Schwachen – ohne jedes Mitleid – zu spielen, das Unheil für sie seinen Lauf nehmen zu lassen, ja selbst aktiv einen Part in diesem Unheil zu übernehmen:

„Jene Tugend, von der noch Schopenhauer gelehrt hat, daß sie die oberste, die einzige und das Fundament aller Tugenden sei: eben jenes Mitleiden erkannte ich als gefährlicher, als irgendein Laster. Die Auswahl in der Gattung, ihre Reinigung vom Abfall grundsätzlich kreuzen – das hieß bisher Tugend *par excellence* ... Man soll das *Verhängnis* in Ehren halten; das Verhängnis, das zum Schwachen sagt: ‚geh zugrunde!' ..."[89]

C. *Das Ziel der Moral*

Das Ziel, um das es *Nietzsche* geht, ist die Geburt und Herrschaft der Übermenschen. Dieses Ziel setzt zweierlei voraus:
a) ein Umfeld, das ihre „Geburt" erlaubt und ihnen nicht bereits im frühen Wachstum die Flügel beschneidet, so daß sie „den Glauben an sich verlieren"[90] und
b) die Härte (jener Übermenschen) gegen sich selbst, irgendeine Schwäche zu zeigen, und gegen alles Schwache überhaupt. Nur im rücksichtslosen Kampf gegen das Schwache wird das Ziel erreicht:

„So will ich doch meine Moral nicht verschweigen, welche zu mir sagt: Lebe im Verborgenen, damit du dir leben *kannst*! Lebe *unwissend* über das, was deinem Zeitalter das Wichtigste dünkt! Lege zwischen dich und heute wenigstens die Haut von drei Jahrhunderten! Und das Geschrei von heute, der Lärm der Kriege und Revolutionen soll dir ein Gemurmel sein! Du wirst auch helfen wollen: aber nur denen, deren Not du ganz *verstehst*; weil sie mit dir *ein* Leid und *eine* Hoffnung haben – deinen Freunden: und nur auf die Weise, wie du dir selbst hilfst – ich will sie mutiger, aushaltender, einfacher, fröhlicher machen! Ich will sie das lehren, was jetzt so wenige verstehen und jene Prediger des Mitleidens am wenigsten – *die Mitfreude*!"[91]

Das Ziel soll also Lebensfreude durch Lebensbejahung und Abwendung vom Leid der Schwachen sein: Lebensfreude, die nur der Starke kennt. Der Starke, der den Schwachen zum endgültigen Sturz verhilft, ist der wahre Menschenfreund nach *Nietzsche*, denn er verhindert den Niedergang der Spezies Mensch und ermöglicht

[89] F. Nietzsche: Aus dem Nachlaß der Achtzigerjahre, Werke VI, 827.
[90] F. Nietzsche: Aus dem Nachlaß der Achtzigerjahre, Werke VI, 553.
[91] F. Nietzsche: Die fröhliche Wissenschaft, Werke III, 200-201.

in sich selbst und anderen die Geburt, Herrschaft und Lebensfreude der Übermenschen, die die einzige realistische Zukunft des Menschengeschlechts sind. „Der Übermensch *sei* der Sinn der Erde“[92], lehrt Zarathustra; es ist der neue kategorische Imperativ der normativen Ethik *Nietzsches*.

4.5. Schlußfolgerung

In diesem Kapitel wurden in Kürze vier normative Ethiken vorgestellt, wobei es das Hauptanliegen war, den wichtigen Zusammenhang deutlich werden zu lassen, der zwischen jeder Ethik und der hinter ihr stehenden Weltsicht zu beobachten ist.

Weltanschauliche Prämissen legen ethisches Denken nicht in jedem Detail fest. Gleiche weltanschauliche Prämissen führen nicht einmal zwingend zu den gleichen ethischen Konsequenzen. So ist die Annahme einer an sich sinnlosen Welt sowohl mit dem rücksichtlos ausgelebten Willen zur Macht des Nietzscheschen Übermenschen vereinbar als auch mit dem solidarischen Handeln des gegen die sinnlose Welt „revoltierenden Menschen“ Albert *Camus*'s.[93] Weltanschauliche Prämissen wirken eher wie Weichenstellungen in einem höchst komplexen Schienennetz: bestimmte Gleise sind dann nicht mehr befahrbar, wohl aber eine Reihe anderer.[94]

Die hinter den normativen Ethiken stehenden unterschiedlichen Weltanschauungen sind also *ein* entscheidender Grund für die Vielfalt und gegebenenfalls Gegensätzlichkeit der Ethiken selbst. Diese Feststellung zwingt zugleich zu einer höchst bedeutsamen Schlußfolgerung: Ethik kann nicht einfach durch Lektüre der Werke anderer Menschen gewonnen und übernommen werden. Ethik kann immer nur so viel Gewicht im Leben des einzelnen haben, wie sie in Übereinstimmung mit seiner persönlichen Weltanschauung steht und aus deren Grundideen widerspruchsfrei zu denken ist. Dies

---

92 F. Nietzsche: Also sprach Zarathustra, Werke III, 280.

93 s. Kap. 5.2.2.3.2.

94 So schließt jene Annahme einer objektiv-sinnlosen Welt beispielsweise jede Ethik aus, die das menschliche Handeln, Moralität und Sittlichkeit als Beitrag zu einer kosmischen Teleologie interpretiert, wie es z. B. die Philosophie Hegels tut.

kann und muß die Leistung des einzelnen sein. Der Weg kann zwar exemplarisch demonstriert werden – das war die wesentliche Aufgabe dieses Kapitels – gegangen werden muß er je persönlich.[95]

Und noch ein zweiter Schluß kann gezogen werden: Nicht jede normative Ethik (d. h. eben auch: nicht jede Weltanschauung) ist – wie das Beispiel *Nietzsches* zeigt – mit den Prinzipien sozialen Helfens in Einklang zu bringen. Das aber belegt nochmals, daß Sozialarbeit immer schon mit bestimmten weltanschaulichen und ethischen Grundsätzen verbunden ist, die gar nicht wegzuleugnen sind.

[95] s. Kap. 5.2.3.

5. Ethik helfender Berufe

5.1. Der Streit um den Stellenwert von Ethik in Sozialarbeit und Sozialpädagogik: ein doppeltes Mißverständnis

Ein Blick in die seit Jahrzehnten andauernde und mit unterschiedlichen Akzenten bzw. jeweils dominierenden Tendenzen ausgetragene Diskussion zum Thema „Ethik in der Sozialarbeit/Sozialpädagogik" zeigt, daß es dabei um *zwei* – nicht immer mit ausreichender Klarheit unterschiedene – Fragen geht.

Die erste Frage lautet: Ist das Problem (der Theorie und Praxis) sozialer Arbeit auch ein ethisches?
– Die einen antworten auf diese Frage mit einem klaren Nein. Für sie stellen sich in der Sozialarbeit Probleme, die sich allein und am besten mit fachlicher Kompetenz lösen lassen; ethisches Denken sei eher unnützer Ballast und verhindere effizientes Handeln, auf das es schließlich beim Helfen ankomme.
– Die anderen sehen die Sozialarbeiterin in ihrem beruflichen Alltag mit Problemen konfrontiert, die sich nur dann wirklich lösen lassen, wenn zur fachlichen Kompetenz ethisches Wissen und Wollen hinzutreten.

Natürlich ist aus beiden Standpunkten etwas Wahres herauszufiltern. Der berufliche Alltag sozialer Arbeit kennt Situationen, die zu sofortigen Entscheidungen zwingen und keine Zeit zu langwierigen ethischen Überlegungen lassen. So weit ist jener Einwand zutreffend. Aber wenn es sich wirklich um Entscheidungen und nicht nur um ein gedankliches Würfelspiel handelt, so fließen Annahmen mit ein, die sozusagen vorbereitet und abrufbereit sein müssen. Und wenn derartige Entscheidungen das Wohl oder Wehe von Menschen betreffen, wovon ja in der sozialen Arbeit ausgegangen werden kann, so sind darunter auch ethische Annahmen – mögen sie bewußt oder unbewußt, reflektiert oder völlig unkritisch sein. Professionalität verlangt allerdings den Status der Reflexion.

Umgekehrt ist es irreführend, fachliche Kompetenz und ethisches Engagement so zu verstehen, als ob sie im Moment des in einer bestimmten Problemsituation geforderten Handelns erst gedanklich zusammengeführt werden müßten und könnten. In Wahrheit müssen Ethos und fachliches know-how immer schon miteinander verknüpft sein. Ethik gehört zum beruflich erforderten Fachwissen, und fachliche Kompetenz ist Teil des Berufsethos. Postulativ formuliert: ethisches Wissen muß curricular vermittelt werden, und die Aneignung höchstmöglicher Fachkompetenz (einschließlich ethischer Theorie!) ist immer schon ethische Pflicht.

Die zweite Frage lautet: Um welche Art ethischer Problematik handelt es sich in der Sozialarbeit?
Und auch hier bilden sich wieder zwei Lager:
– Für die einen liegen die ethischen Probleme der Sozialarbeit im Grunde auf *gesellschaftlicher* Ebene; für sie riskiert Sozialarbeit, sich mit dem Makel zu behaften, als Handlangerin einer ungerechten Gesellschaft zu fungieren, die sie hilft, am Leben zu erhalten. Sozialarbeit perpetuiere nur soziale Ungerechtigkeit.
– Ihre Opponenten sehen die ethische Problematik sozialer Arbeit eher auf *individueller* Ebene; sie unterstreichen den nach ihrer Meinung gefährlich-autoritären Charakter sozialarbeiterischer Intervention, der ihr eigenes erklärtes Ziel diskreditiere, den Klienten in die Selbständigkeit, zur Selbstbestimmung zu führen.

Das Dilemma scheint nach diesen Kritiken darin zu liegen, daß Sozialarbeit entweder Herrschaftsinstrument ist oder aber selbst Herrschaft ausübt; und Herrschaft wird in beiden Fällen als ungerecht stigmatisiert. Aber auch hier deckt ein näheres Hinsehen den Fehler auf: die beiden Positionen stehen nicht in echter Opposition; sie schließen sich nicht gegenseitig aus, können durchaus gleichzeitig vertreten werden, weil sie unterschiedliche Problem-Ebenen betreffen. Zu beiden Standpunkten ist dagegen sehr wohl eine Gegenthese denkbar, mit welcher sie – in ihrem unbedingten Wahrheitsanspruch – nicht zu versöhnen wären:
– Zum ersten wäre zu sagen, daß Sozialarbeit keineswegs nur und notwendig als Dienst zugunsten herrschender Gesellschaftsschichten anzusehen ist. Sie leistet unbestreitbar wertvolle Hilfe für Klienten, die oft gerade zu den Unterprivilegierten gehören.

Wenn z. B. die in der Asylantenarbeit tätige Sozialarbeiterin beim Ausfüllen von Amtsformularen beratend zur Seite steht oder die Sozialpädagogin für Asylbewerber einen Sprachkurs organisiert, so kommt diese Hilfe in erster Linie und direkt ihren Klienten zugute.

– Zum zweiten könnte angemerkt werden, daß Sozialarbeit auch nicht immer und notwendig Ausübung von (ungerechter) Herrschaft ist, wenngleich mitunter Entscheidungen getroffen werden müssen, die den momentanen Interessen der Klienten widersprechen.

Festlegungen von Sprechstunden, Maßvorgaben bei der Betreuung straffällig gewordener Jugendlicher usw. sind praktische Notwendigkeiten und dienen – richtig eingesetzt – dem advokatorisch vertretenen Interesse der Klienten bzw. der vom Resozialisierungsprogramm Betroffenen.

Der Fehler jener Positionen liegt im Wesentlichen darin, daß sie

1) sich nicht als Teilwahrheiten (die sie sind) verstehen, sondern den Anspruch erheben, absolute Wahrheiten zu sein, bzw. daß sie infolge ihres Anspruchs

2) sich gegenseitig direkt zu widersprechen glauben, obgleich

a) ihre Thesen unterschiedliche Problem-Ebenen (z. B. den einzelnen Klienten oder aber die Gesamt-Gesellschaft) und/oder

b) unterschiedliche Aspekte des Problems (seien es die *Gründe* oder *Prinzipien*, sei es das anvisierte *Ziel* sozialer Arbeit) betreffen.

Die Korrektur verlangt die Beachtung eben dieser Unterschiede.

5.2. Ebenen einer Ethik helfender Berufe

Die Ethik helfender Berufe läßt sich aus verschiedenen Blickwinkeln betrachten, und dabei kann auch noch unterschiedlichen Aspekten, vor allem aber auch Ebenen besondere Aufmerksamkeit gewidmet werden:

– Zunächst können Sozialarbeit und Sozialpädagogik objektiv, d. h. gegenständlich als gesellschaftliches Phänomen betrachtet werden.

In dieser Perspektive

a) läßt sich die Frage stellen, wie sich dieses Phänomen erklärt, welche *Gründe* dazu geführt haben, soziale Hilfe zu professionalisieren und zu institutionalisieren;

b) es kann weiterhin ein Blick auf die *Prinzipien* dieser Berufe geworfen werden und

c) schließlich können ihre sozialen *Auswirkungen und Ziele* hinterfragt werden.

Bei alldem ist es durchaus möglich, rein deskriptiv zu verfahren, ebenso denkbar ist aber auch, einen bewertenden Standpunkt zu beziehen; das wäre die objektiv-theoretische Ebene der ethischen

Bewertung helfender Berufe als gesellschaftliches Phänomen (s. 5.2.1.).

- Immer noch auf objektiv-theoretischer Ebene - wenngleich mit auf berufliche Anwendbarkeit abzielender Intention - steht der Versuch, eine normative Ethik für die spezielle Problematik professionellen sozialen Helfens zu erarbeiten. In dieser Perspektive geht es nicht mehr um das gesellschaftliche Phänomen Sozialarbeit/Sozialpädagogik usw., sondern um die Arbeit, die von der einzelnen Sozialarbeiterin/Sozialpädagogin (im Team mit anderen) konkret zu leisten ist. Objektiv und theoretisch ist diese spezielle normative Ethik, insofern sie gerade nicht von der Praktikerin selbst (als *Subjekt* sozialer Arbeit) für ihre eigene konkrete Arbeit und deren Probleme konzipiert wird. Vielmehr wird sie vom Ethiker/von der Ethikerin, für die das Berufsfeld sozialer Arbeit dann *Objekt*, d. h. Gegenstand des Nachdenkens ist, als *Theorie* entwickelt (s. 5.2.2.).
- Für die berufliche Praxis entscheidend ist und bleibt letztlich die ganz persönliche Ethik der sozialen Helferin. Ihre Sicht ist die subjektiv-praktische Ebene. Auf dieser Ebene können und sollten - eben das wäre ein Beleg von Professionalität - die Erkenntnisse der beiden anderen (theoretischen) Ebenen kritisch verwertet werden. Die Schlüsse daraus zu ziehen und im eigenen Berufsethos praktisch werden zu lassen, bleibt hingegen die permanente Aufgabe des handelnden Subjekts, der Sozialarbeiterin (s. 5.2.3.).

5.2.1. Die objektiv-theoretische Ebene der ethischen Bewertung sozialer Arbeit als gesellschaftliches Phänomen - eine Problemskizze

Professionelles soziales Helfen geschieht nicht im luftleeren Raum und auch nicht im Bereich des Spekulativen. Soziales Helfen ist ein Geschehen in Raum und Zeit, ein kulturgeschichtliches Phänomen, das innerhalb bestimmter Gesellschaften zu beobachten ist. Dieses Phänomen kann sachlich beschrieben werden, was in bestimmten Wissenschaften auch durchaus geschieht; es kann aber auch - aus ethischer Sicht - bewertet werden. Die Bewertung drängt sich sogar insofern auf, als soziales Helfen sich zweifelsohne Wertpositionen verdankt, die man teilen oder ablehnen mag. Bewertet werden können:
- die *Gründe,* die
  a) soziales Helfen nötig machen oder aber
  b) zur Entstehung der professionellen sozialen Hilfe geführt haben bzw. erklären, daß man an ihr festhält;

zum einen also jene Gründe, die zu den Notsituationen führen, die durch soziale Hilfe behoben oder gelindert werden sollen, und zum anderen die Gründe, die bewogen haben und bewegen, soziale Hilfe in der Gesellschaft zu institutionalisieren;

- die soziale Hilfe selbst, d. h. die *Prinzipien* ihrer Theorie und Praxis im Wandel der Geschichte;
- die beabsichtigten wie auch tatsächlichen *Folgen* sozialen Helfens, also ihre Ziele und Konsequenzen.

Der analytisch-beschreibende oder aber bewertende Blick, der auf das Phänomen professionellen sozialen Helfens geworden wird, kann „kurzsichtig" oder „weitsichtig" sein: er kann dieses Phänomen von gewissen Zusammenhängen isolieren oder aber in immer umfassendere Strukturen stellen, die letztlich weltanschauliches Format gewinnen. Hinter diesen unterschiedlichen Sichtweisen stehen bereits - bewußte oder unbewußte, reflektierte oder unreflektierte - Wertpositionen. Der angebliche „Realist" neigt zur einengenden, fokussierenden Sicht; ihn interessiert der meßbare Erfolg, auf den er besonderen *Wert* legt. Das kann dazu führen, daß er weltanschauliche wie auch ethische Überlegungen als eher hinderlich für effizientes soziales Helfen beurteilt. Der sogenannte „Idealist" hat dagegen die Tendenz, jedes Tun, auch das soziale Helfen im Horizont von Weltanschauung und Ethik zu überdenken, was allerdings zu höchst unterschiedlichen Resultaten führen kann: im Extremfall ebensogut zur kritischen Verurteilung von Sozialarbeit und Sozialpädagogik wie zu ihrer missionarischen Aufwertung.

Die ethische Betrachtung und Beurteilung sozialer Hilfe als gesellschaftliches Phänomen hat ihre zu beachtenden Eigenheiten. Da von der Moralität des individuellen Subjekts, der einzelnen Sozialarbeiterin, in dieser Perspektive ja gerade abstrahiert wird (es interessiert weder die Moralität dieser oder jener Sozialarbeiterin X.Y., noch die Moralität einer fiktiven durchschnittlichen Sozialarbeiterin N oder der Sozialarbeiterin allgemein), könnte von einem ethischen Handeln nur im analogen Sinn gesprochen werden: so als stünde die Gesellschaft, in der soziale Hilfe geleistet wird, selbst als handelndes Subjekt der Geschichte da.[96] Diese Sicht wäre allerdings u.U. gefährlich homogenisierend, denn sie würde kaum der

---

[96] Eine in diese Richtung weisende Auffassung findet sich z. B. bei Louis Althusser: Marxisme et humanisme, Paris 1964, sowie: Pour Marx, Paris 1965.

Komplexität und den internen Widersprüchen des Geschehens gerecht werden können, das ja vom Zusammenspiel und Aufeinanderprall der Interessen, Entscheidungen und Handlungen zahlreicher Individuen und Gruppen mitbestimmt wird.

Die ethische Bewertung sozialer Hilfe als gesellschaftliches Phänomen betrifft die feststellbare Tatsache, daß es in bestimmten historischen Gesellschaften institutionalisierte und in diesem Sinn gesellschaftlich anerkannte Berufe gibt, die soziale Hilife leisten. Diese Beurteilung ist im Rahmen empirischer Ethik ebenso denkbar wie in der Perspektive normativer Ethik.

Der empirisch arbeitende Ethiker würde sehen, daß z. B. eine Gesellschaft, in welcher die ethischen Grundsätze des Christentums Geltung hätten (die gelebten Grundsätze der christlichen Moral wären dann Gegenstand der empirischen Ethik), Sozialarbeit wesentlich anders beurteilt als eine streng hinduistische Gesellschaft; und in einer pluralistischen Gesellschaft würde er ein ganzes Meinugsspektrum zu diesem Phänomen beobachten können.

Im Kontext der vorliegenden Darstellung geht es in erster Linie um normative Ethik. Aber auch hier sind sehr unterschiedliche Stellungnahmen möglich; es genügt, sich der Ethik-Modelle *Kants* und *Mills* einerseits, *Nietzsches* andererseits zu erinnern. Die folgenden kurzen Ausführungen zur Problem-Ebene der ethischen Bewertung sozialer Arbeit als gesellschaftliches Phänomen verstehen sich daher lediglich als Problem-Skizze. Um diese Bewertung tatsächlich durchzuführen, müßten ansonsten:

a) der angewandte ethische Bewertungsmaßstab begründet werden

b) und sodann das Gesamtspektrum sozialer Arbeit als gesellschaftliches Phänomen anhand jenes Maßstabs im Detail überprüft werden, was nicht Ziel dieses Buches sein kann.

A. Die Motivation

Ganz allgemein kann zunächst gesagt werden, daß der unmittelbare geschichtliche *Grund für das Notwendigwerden* sozialer Helferinnen-Berufe die wachsende Zahl von Hilfsbedürftigen innerhalb der Gesellschaft war. Hilfsbedürftigkeit ist dabei keine konstante Größe, weder quantitativ noch qualitativ. Als materiell hilfsbedürftig angesehen wird heute in Mitteleuropa derjenige, dessen Lebensumstände vor hundert Jahren oder in anderen Breitengraden auch noch heute möglicherweise als durchaus befriedigend angesehen worden wäre bzw. werden könnte.

Und hilfsbedürftig gilt man heutzutage keineswegs nur dann, wenn die materiellen Existenzbedingungen ein gewisses Minimum unterschreiten, sondern auch, wenn bestimmte psychische Belastungen auftreten. Das ist insofern höchst-bedeutsam, als damit zugleich gesagt ist, daß nicht jede Form von Hilfsbedürftigkeit, die u.U. soziale Hilfe nötig werden läßt, durch ökonomische Strukturen einer Gesellschaft bedingt sein muß und durch eine entsprechende ökonomische Umgestaltung der Gesellschaft beseitigt werden kann. Sozial (d. h. durch soziale Ungerechtigkeit) bedingte materielle Hilfsbedürftigkeit, die natürlich auch zur Ursache psychischer Hilfsbedürftigkeit zu werden vermag, war indessen – historisch betrachtet – sicherlich der entscheidende Grund für die notwendig werdende Institutionalisierung und Organisation sozialer Hilfe und die in ihrem Dienst stehenden Berufe. Es genügt, das Stichwort „soziale Frage" zu erwähnen.

Um nun aber die hier gestellte präzise Frage zu beantworten, was dazu bewegt oder geführt hat, daß sich soziale Berufe ausbildeten, muß unterschieden werden zwischen

a) der (soeben kurz und ohnehin nur partiell skizzierten) objektiv beobachtbaren Hilfsbedürftigkeit bestimmter Menschen, die – als Grund – organisierte Hilfe und entsprechende Berufe sinnvoll und nötig machte, aber selbst natürlich ihre eigenen Ursachen hat, einerseits und

b) den Gründen andererseits, die den Staat und seine Funktionäre bzw. die Entscheidungsträger konfessioneller und freier Hilfsorganisationen dazu bewogen und bewegen, sich in der sozialen Hilfe zu engagieren und dafür professionelle Helferinnen zum Einsatz zu bringen und zu finanzieren. Um diese Gründe geht es.

Um den Unterschied an einem Beispiel aus einem ganz anderen Lebensbereich zu demonstrieren: Bei Reparaturarbeiten an einem Haus kann ähnlich unterschieden werden zwischen:

a) Gründen, die dazu geführt haben, daß Reparaturen überhaupt nötig werden (z. B. altersgemäße Verschleißerscheinungen oder aber unvorhersehbare Sturmschäden) und

b) Gründen, die den Besitzer des Gebäudes dazu bewegen, diese nötigen Reparaturen tatsächlich durchführen zu lassen, was ja nicht unbedingt zwingend ist. Schlimmstenfalls kann das Haus auch dem Verfall preisgegeben werden.

Mit vereinfachenden Behauptungen, monokausalen Erklärungen und ideologischen Motivationsverdächtigungen ist hier gar nichts zu machen. Ohne Rangfolge und Anspruch auf Vollständigkeit können etliche mögliche Beweg-Gründe genannt werden, die bereits ein ganzes ethisches Werte-Spektrum indizieren:

- *der Wunsch nach Stabilisierung bestehender gesellschaftlicher Verhältnisse und ihrer u.U. impliziten sozialen Ungerechtigkeit (beides kann, muß aber nicht miteinander gekoppelt sein);*
- *die Absicht, die Gesellschaft im Sinne einer erträumten besseren Zukunft zu verändern;*
- *die Milderung der Not von Individuen und/oder Gruppen aus rein humanitären oder aber religiösen Gründen;*
- *das Eigeninteresse (finanzielle Gewinne oder gesellschaftliche Einflußnahme) bestimmter Hilfsorganisationen usw ...*

Es *scheint* keiner weiteren Erklärung zu bedürfen, welche dieser Beweggründe sich ethisch legitimieren ließen und welche eher fragwürdig wären. Und dennoch würde ein solches spontanes Urteil womöglich nur ein Vorurteil des sogenannten gesunden Menschenverstandes sein, das sich einem nicht hinterfragten Moral-Verständnis verdanken könnte. Aber selbst wenn das Urteil auf dem Fundament einer reflektierten normativen Ethik aufbauen würde, könnte es zu einer höchst unterschiedlichen ethischen Bewertung der Beweggründe professioneller sozialer Hilfe kommen. Die Gegenüberstellung von zwei normativen Ethiken mag das verdeutlichen, deren Aussagen gerade zu diesem ethischen Teilthema besonders interessant sind:
- die Ethik von *Karl Marx* (1818–1883) und *Friedrich Engels* (1820–1895) einerseits und
- die Ethik von *John Rawls* (1921–) andererseits.

Exkurs 1: Die materialistische Ethik von Karl Marx und Friedrich Engels

Die Ethik *Marx's* und *Engels's* steht auf dem Fundament einer materialistischen[97] bzw. ökonomistischen[98] Weltanschauung. Nach ihr bestimmt das materielle Sein, d. h. die wirtschaftlichen Lebens-

[97] Materialistisch ist eine Weltanschauung, nach welcher sich die Gesamtrealität letztlich auf ein stoffliches (materielles) Prinzip reduzieren läßt.

[98] Als ökonomistisch gilt ein Standpunkt, nach dem die ökonomischen Gegebenheiten und Gesetzlichkeiten die entscheidenden Wirkfaktoren der menschlichen (Kultur-) Geschichte sind.

umstände, kurz: die Produktionsweise das Bewußtsein der Menschen:

„Wenn wir nun aber sehen, daß die drei Klassen der modernen Gesellschaft, die Feudalaristokratie, die Bourgeoisie und das Proletariat jede ihre besondere Moral haben, so können wir daraus nur den Schluß ziehen, daß die Menschen, bewußt oder unbewußt, ihre sittlichen Anschauungen in letzter Instanz aus den praktischen Verhältnissen schöpfen, in denen ihre Klassenlage begründet ist – aus den ökonomischen Verhältnissen, in denen sie produzieren und austauschen."[99]

Von daher erklärt sich die Behauptung, daß die in einer bestimmten historischen Gesellschaft (vor-)herrschende Moral immer die Moral der herrschenden Klasse sei. Der nächste Schritt führt dann zur Kritik, daß jede geschichtliche Moral bislang repressiv gewesen sei, d. h. im Dienst der Herrschenden die bestehenden Unrechtsverhältnisse stabilisiert habe:

„Und wie die Gesellschaft sich bisher in Klassengegensätzen bewegte, so war die Moral stets eine Klassenmoral; entweder rechtfertigte sie die Herrschaft und die Interessen der herrschenden Klasse, oder aber sie vertrat, sobald die unterdrückte Klasse mächtig genug wurde, die Empörung gegen diese Herrschaft und die Zukunftsinteressen der Unterdrückten."[100]

Moralkritik ist bei *Marx* und *Engels* stets Gesellschaftskritik, und die Aufhebung repressiver Moral ist nach ihnen nur möglich durch gesellschaftlichen Wandel auf dem Wege einer Revolution, welche die bestehende ökonomische Herrschaft der Reichen (Produktionsmittel-Besitzer) über die Armen (Produzierende, denen die Produktionsmittel aber gerade nicht gehören) endgültig beseitigt. Auf dem so gewonnenen Fundament ökonomischer Gerechtigkeit könnten dann neue (kommunistische) Lebens-Gewohnheiten greifen, die mit den Normen repressiver Moral nichts mehr gemein hätten.

Es ist einsichtig, daß eine solche ethische Sicht nicht zur gesellschaftlichen Etablierung von Sozialarbeit bewegen kann. Statt Sozialarbeit wird vielmehr die aktive Teilnahme am sozialen Umbruch gefordert. Der Aufruf zur sozialökonomischen und sozialpolitischen Umwälzung ist letztlich die Hauptnorm der normativen Ethik von *Marx* und *Engels*[101]. Die neue herrschaftsfreie Moral der

---

[99] F. Engels: Anti-Dühring, Engels-Studienausgabe, Reinbek 1973, I, 88.
[100] F. Engels: Anti-Dühring, Engels-Studienausgabe, Reinbek 1973, I, 89.
[101] s. u. S. 105.

prognostizierten kommunistischen Gesellschaft dagegen ist im Grunde gar nicht normativ, sondern utopisch-deskriptiv. Sie beschreibt das Verhalten des zukünftigen „neuen Menschen", der irgendwann einmal in sozialen Umständen leben wird, wo Diebstahl, Mord und Betrug nicht mehr nötig sind, so daß kein psychisch Gesunder überhaupt auf die Idee käme, derartiges zu tun:

„In einer Gesellschaft, wo die Motive zum Stehlen beseitigt sind, wo also auf die Dauer nur noch höchstens von Geisteskranken gestohlen werden kann, wie würde da der Moralprediger ausgelacht werden, der feierlich die ewige Wahrheit proklamieren wollte: Du sollst nicht stehlen!"[102]

Zusammenfassend darf gesagt werden, daß in marxistischer Sicht Sozialarbeit bewußt oder unbewußt den Versuch darstellt, die Symptome einer an sich ungerechten und zum Untergang verurteilten Gesellschaft zu kurieren. So stellt sie sich in den Dienst ungerechter Herrschaft. (So weit zu *Karl Marx* und *Friedrich Engels.*)

Exkurs 2: Die vertragstheoretische Ethik von John Rawls

Vor nunmehr einem Vierteljahrhundert publizierte *John Rawls* (1921–) erstmals seine „Theorie der Gerechtigkeit", mit welcher er – nicht nur – in der Fachwelt Aufsehen erregte.

Rawls's Theorie verallgemeinert „die herkömmliche Theorie des Gesellschaftsvertrags von Locke, Rousseau und Kant"[103] und „trägt stark Kantische Züge"[104] . Sie gehört zum deontologischen Argumentationstyp normativer Ethik und übt explizit Kritik am Utilitarismus, implizit aber auch an der marxistischen Ethik. In beiden Ethiken werde der einzelne und sein Schicksal nicht ernst genommen, sondern dem Glück der größtmöglichen Zahl bzw. einer utopischen Gesellschaft geopfert. Beides aber widerspreche wahrer Gerechtigkeit, die nur dann gegeben sei, wenn sie *jedem* zuteil werde.

Nach *Rawls* ist die sich im ethischen Handeln manifestierende Bereitschaft zur „Gerechtigkeit als Fairness" eine Frage der Vernunft. Die Grundsätze einer Ethik der Gerechtigkeit für einen jeden lassen sich nämlich jedem Vernünftigen überzeugend einsichtig machen. Zu diesem Zwecke müsse man sich – ähnlich wie in den

102 F. Engels: Anti-Dühring, Engels-Studienausgabe, Reinbek 1973, I, 88.
103 J. Rawls: Eine Theorie der Gerechtigkeit, Frankfurt 1979, 12.
104 J. Rawls: Eine Theorie der Gerechtigkeit, Frankfurt 1979, 12.

klassischen Vertragstheorien – einen Naturzustand oder Urzustand vorstellen, in dem alle Menschen gemeinsam erst festlegen, nach welchen Grundsätzen (ethischen Normen) ihre Gesellschaft funktionieren, sie selbst also leben werden. *Rawls* definiert die in diesem lediglich vorgestellten Urzustand lebenden Menschen folgendermaßen:

- sie haben ausreichend Vernunft,
- sie besitzen ein Gespür für Gerechtigkeit,
- sie haben durchaus ihr eigenes Wohl im Auge,
- aber: sie wissen nicht, welche Rolle sie selbst in jener Gesellschaft, deren Regeln sie gemeinsam bestimmen, spielen werden: ob sie alt oder jung, Frau oder Mann, Arzt oder Bauer, Gesunder oder Kranker, Behinderter oder Nicht-Behinderter usw. sein werden. (*Rawls* nennt diese fiktive Einschränkung den „Schleier des Nichtwissens".)

Rawls folgert, daß die Menschen unter den genannten Bedingungen sich auf Grundsätze des Zusammenlebens einigen werden, unter denen ein jeder von ihnen prinzipiell bereit wäre zu leben, ohne sich ungerecht behandelt zu fühlen. Es wären Grundsätze gegenseitiger Fairness folgenden Inhalts:

1. Einem jeden Menschen ist die gleiche größtmögliche Freiheit zuzugestehen wie allen anderen.

2. Soziale bzw. wirtschaftliche Ungleichheiten sind nur dann zu tolerieren,

a) wenn sie den sozial Schwächsten den größten Vorteil bringen (wobei allerdings das Wohl auch zukünftiger Generationen Berücksichtigung finden muß) und

b) wenn sie nicht willkürlich, sondern an gesellschaftliche Funktionen/Positionen gebunden sind, die einnehmen zu können ein jeder Mensch die gleiche Chance hat.

Die Befolgung beider Grundsätze ist als ethische Pflicht eines jeden vernünftigen Menschen zu verstehen, was bedeutet, daß sie in einer entsprechenden Problemsituation vom einzelnen oder aber in der Gruppe – angewandt auf den konkreten Fall – durchgespielt werden müssen. Um den dabei nicht immer gegebenen „Schleier des Nichtwissens" zu kompensieren, setzt das die Bereitschaft voraus, sich an die Stelle eines jeden beliebigen anderen zu versetzen und sie in vollem Ernst als eigene durchzuspielen.

Daß diese „Theorie der Gerechtigkeit" von John Rawls *eine gute Grundlage sozialer Arbeit bilden und – insofern sie als deren Beweggrund vorgestellt wird – sie ethisch legitimieren kann, liegt auf der*

Hand. Die gesellschaftliche Etablierung professioneller sozialer Hilfe müßte dann aus dem Willen zur verbesserten sozialen Chancengleichheit, zu mehr Gerechtigkeit und Fairness erklärt werden, was ja keineswegs völlig auszuschließen ist. Übrigens ist *Rawls* überzeugt, daß die umfassende Realisierung seiner Theorie nicht nur dem Wohl eines jeden einzelnen dienlich wäre, sondern auch eine ethisch gute Gesellschaft bewirken würde, in der die Prinzipien der Gerechtigkeit fest im öffentlichen Bewußtsein verankert wären. (So weit zu *J. Rawls.*)

Die Diskussion, die zum Problem der ethischen Bewertung und Legitimation des gesellschaftlichen Phänomens Sozialarbeit/Sozialpädagogik seit Jahrzehnten geführt wird, ist – wie bereits weiter oben angedeutet wurde, gekennzeichnet

a) durch eine fehlende Klärung des Verhältnisses, in dem Sozialpolitik und Sozialarbeit zueinander stehen,

b) durch die Vermengung von Sozialarbeit als gesellschaftlichem Phänomen einerseits bzw. als berufliche Tätigkeit der einzelnen Sozialarbeiterin andererseits sowie

c) durch die Verabsolutierung eines jeweils bestimmten ethischen Standpunktes.

In den 60er und weitgehend auch noch in den 70er Jahren wurde das Phänomen Sozialarbeit recht kritisch beurteilt. Hintergrund war eine z. T. stark (neo-)marxistisch, mitunter gar marxistisch-leninistisch gefärbte Sichtweise, für die immer noch das Diktum des jungen *Marx* galt:

> „Die Kritik der Religion endet mit der Lehre, daß der *Mensch das höchste Wesen für den Menschen* sei, also mit dem *kategorischen Imperativ, alle Verhältnisse umzuwerfen,* in denen der Mensch ein erniedrigtes, ein geknechtetes, ein verlassenes, ein verächtliches Wesen ist ...“[105]

Das aber bedeutete nichts anderes als die Forderung nach Ablösung der Sozialarbeit durch Sozialpolitik, und genauer: die Aufforderung zum sozialpolitisch-revolutionären Engagement. Sozialarbeit wurde – wie oben gezeigt – als Stabilisator eines sozial-ungerechten Systems verdächtigt, bewußter oder unbewußter Unmoral bezichtigt und in ihrer Legitimität in Frage gestellt.

Kritisch betrachtet, ist daran sicherlich ein Körnchen Wahrheit.

---

105 K. Marx: Zur Kritik der Hegelschen Rechtsphilosophie, Einleitung, Marx-Engels-Studienausgabe, Frankfurt 1966, I, 24.

Aber systemstabilisierend ist – so gesehen – dann letztlich mehr oder weniger jeder Beruf: auch der Brötchen backende Bäcker trägt seinen Teil dazu bei, das gesellschaftliche System, in dem er lebt, aufrechtzuerhalten. Was aber noch gravierender ist: die gesellschaftskritische Einstellung jener Zeit und vor allem ihrer linksgerichteten Gruppierungen reaktivierte damit auch jene für den Marxismus kennzeichnende „schiefe Ebene“, auf der das Individuum abrutscht und zum an sich bedeutungslosen „ensemble der gesellschaftlichen Verhältnisse“[106] verkürzt wird, weil nur noch das gesellschaftliche Ganze, genauer: eine anonyme utopische gesellschaftliche Generation der Zukunft und ihr angebliches Glück zählt, dem das Individuum getrost geopfert werden kann.

Um den einzelnen heute lebenden Menschen und sein Schicksal geht es aber gerade der Sozialarbeit. Diese agiert allerdings in dem Maße realitätsfern, wie sie jenes Korn Wahrheit der Gesellschaftskritik nicht genügend ernst nimmt. Es ernst zu nehmen heißt, den Blick zwar auf den einzelnen und seine Not zu richten, aber über ihn die Gesellschaft nicht zu vergessen. Kurz: Sozialarbeit und Sozialpolitik stehen keineswegs in einem sich gegenseitig ausschließenden Verhältnis zueinander. In Wahrheit ist ihr Verhältnis komplementär. Anders formuliert: das eine muß und kann getan werden, ohne das andere zu lassen.

Wenn es in jenem bekannten alten Gebet des Helfers heißt, um den Mut zu bitten, das Änderbare zu ändern, um die Kraft zu bitten, das Unabänderliche zu ertragen, und um die Weisheit zu flehen, das eine vom anderen zu unterscheiden zu lernen[107]*, so umschließt das Änderbare weder nur den Gegenstand der Sozialarbeit noch ausschließlich das Feld der Sozialpolitik, sondern ist auf beides zu beziehen.*

Sozialarbeit als gesellschaftliches Phänomen hat also – durchaus *objektiv* betrachtet – ihre eigene ethische Qualität. Sie legitimiert sich durch die Hilfe, die sie für einzelne oder Gruppen leistet. Daran ändert sich auch nichts dadurch, daß Sozialarbeit von einzelnen Sozialarbeiterinnen möglicherweise aus dem Antrieb heimlichen Machtanspruchs, bloßer Selbstbestätigung praktiziert werden mag oder aber dadurch, daß *eine* ihrer geschichtlichen Wurzeln und Beweggründe im strategischen Wunsch politischer Pragmatiker

---

[106] K. Marx: 6. These über Feuerbach.

[107] s. hierzu Th. Rauschenbach/ H. Thiersch, Hg.: Die herausgeforderte Moral, Bielefeld 1987, 50-51.

liegt, gesellschaftliche Strukturen zu stabilisieren, die durch die „soziale Frage“ in Frage gestellt wurden. Es ist unzulässig, diese Möglichkeiten zu verallgemeinern und zum einzigen objektiven Beweggrund sozialer Arbeit zu erklären.

Die Hilfe, die von Sozialarbeit und Sozialpädagogik als gesellschaftlichem Phänomen geleistet wird, ist ein empirisches Faktum. Die geschichtlichen Gründe und Motivationen, die hinter diesem Phänomen stehen, sind dagegen nur zum Teil empirisch erfaßbar. Insgesamt reichen sie sicherlich vom restaurativen Selbsterhaltungsinteresse politischer Kräfte bis zur Einsicht in die Notwendigkeit sozialer Hilfe aus Respekt vor der Würde des hilfsbedürftigen Menschen. Verkürzungen dieses Motivations-Spektrums sind in beiden Richtungen ideologieverdächtig. Das aber bedeutet, daß zwar nicht alle Beweggründe, die zur Institutionalisierung professioneller sozialer Hilfe geführt haben, ethisch zu rechtfertigen sind, wohl aber – aus traditionell-ethischer Sicht – jene, deren motivierende Kraft in der Anerkennung der menschlichen Würde der Hilfsbedürftigen liegt, denen auf diesem Wege geholfen werden soll.

B. Das Prinzip

Auch hier wieder stehen nicht irgendwelche Maximen der ganz persönlichen Berufsethik einzelner Sozialarbeiterinnen auf dem Prüfstand, sondern das Prinzip, das aus ethischer Sicht hinter sozialer Hilfe als gesellschaftlichem Phänomen stehen müßte.

Im § 2 des deutschen Bundessozialhilfegesetzes steht folgender bemerkenswerter Text:

> „Aufgabe der Sozialhilfe ist es, dem Empfänger der Hilfe die Führung eines Lebens zu ermöglichen, das der Würde des Menschen entspricht. Die Hilfe soll ihn soweit wie möglich befähigen, unabhängig von ihr zu leben; hierbei muß er nach seinen Kräften mitwirken.“

Sieht man in diesem Satz das ethische Prinzip organisierten sozialen Helfens überhaupt, das auch im gesellschaftlichen Phänomen Sozialarbeit Berücksichtigung finden sollte, so wäre damit gesagt, daß die ethische Qualität sozialer Hilfe sich immer an der moralischen Pflicht mißt, die personale Würde auch der sozial Schwachen und Schwächsten zu achten und – als eine Konsequenz daraus – das Subsidiaritätsprinzip zu respektieren.

Dabei geht es aber nicht – der Klarheit halber sei es nochmals betont – um die innere Haltung der einzelnen Helferin, sondern um

die Art und Weise, wie z. B. Sozialarbeit und Sozialpädagogik als Formen sozialer Hilfe in der Gesellschaft etabliert und in ihrer Praxis grundgelegt sind. Relevant hierfür wären also all jene Faktoren, die soziale Hilfe als gesellschaftliches Phänomen prägen, wie z. B.:
- legislative und administrative Vorgaben
- Finanzierungsbestimmungen
- öffentliche Organisationsformen sozialer Hilfe
- verbandsinterne Regelungen und Berufskodizes sowie
- die Festlegungen und Leitlinien öffentlicher, konfessioneller und freier Trägerinstitutionen sozialer Arbeit.

Es darf vermutet werden, daß keineswegs in allen Fällen jenes oben zitierte im § 2 des Bundessozialhilfegesetzes formulierte Prinzip Anerkennung findet, sondern nur allzu häufig ganz andere Leitbilder und rein pragmatische Überlegungen das Obergewicht haben und das Phänomen sozialer Hilfe bestimmen. Aber auch hier gilt, daß jede leichtfertige und vorschnelle Verallgemeinerung oder Simplifizierung unzulässig ist und Gefahr läuft, sich selbst ins ideologische Abseits zu stellen.

C. Das Ziel

Das öffentlich erklärte Ziel sozialer Hilfe ist bekannt; es entspricht im Wesentlichen ihrem Doppelmandat:
- *den Klienten* soweit wie möglich zu befähigen, Selbständigkeit zu gewinnen und
- *die Gesellschaft* im Maße des Möglichen von gewissen sozialen Problemen zu entlasten sowie – durch Reintegration der Klienten – zu stärken.

Daß in diesem Ziel Werte traditioneller Ethik (Respekt der Menschenwürde und allgemeines Wohlwollen) zum Tragen kommen *können*, ist evident. Sozialarbeit und Sozialpädagogik müssen sich jedoch die Frage gefallen lassen, ob sie in ihren (derzeitigen) Praxisformen tatsächlich dieses ethische Ziel stets ansteuern und ihm gerecht werden; oder ob sie – Im Hinblick auf die Klienten – nicht vielleicht nur alte gegen neue Abhängigkeiten tauschen und eben damit – hinsichtlich der Gesellschaft – keine Probleme lösen, sondern lediglich einen Problemwandel bewirken.

Sozialpädagogische Freizeitangebote für Jugendliche beispielsweise mögen die Kriminalitätsanfälligkeit dieser Altersgruppe reduzieren. Aber bergen sie nicht die Gefahr, bloßes Konsumverhalten zu fördern und die Fähigkeit, die eigene Freizeit selbst schöpferisch zu gestalten, verkümmern zu lassen?

Auch hier gilt letztlich wiederum, was schon zur ethischen Bewertung der Gründe und des Prinzips sozialen Helfens gesagt wurde. Das gesellschaftliche Phänomen sozialer Hilfe ist in sich derartig komplex, daß von einer einheitlichen Zielvorstellung zugunsten des Doppelmandats nur rein theoretisch die Rede sein kann. Was konkret von bestimmten Institutionen, gesetzgebenden Instanzen usw. als Ziel anvisiert wird, entzieht sich einer allgemeinen ethischen Bewertung und müßte jeweils für sich betrachtet, d. h. an jenem öffentlich proklamierten Ziel gemessen und ethisch bewertet werden.

Aus der Sicht traditioneller normativer Ethik[108] ließe sich verallgemeinernd und abschließend zu dieser Problem-Ebene Folgendes sagen: Soziale Hilfe als gesellschaftliche Institution ist ethisch in dem Maße gerechtfertigt, wie sie

- vom Respekt vor der Würde des Menschen bzw. vom Mitleid für die Hilfsbedürftigen *motiviert* ist,
- von ihrem *Prinzip* her dem Wohl der Klienten und der Allgemeinheit dient
- und eben dieses Wohl auch sich selbst zum wahren *Ziel* stellt.

5.2.2. Die objektiv-theoretische Ebene einer Ethik für helfende Berufe – ein Entwurf

Sozialarbeit und Sozialpädagogik sind nicht nur ein gesellschaftliches Phänomen, das seine eigene Entstehungsgeschichte, seine u. a. politisch-ökonomischen Grundlagen und institutionalisierten Aktionsformen sowie seine sozialen Auswirkungen hat. Sie sind auch Berufe, die von einzelnen Menschen erlernt und ausgeübt werden können.

Auf dieser ganz anderen Ebene ihrer Betrachtung sind wiederum empirisch-ethische Anlysen und normativ-ethische Überlegungen möglich und sinnvoll. Systematisch betrieben hat normativ-ethisches Nachdenken hier als Ziel die Ausarbeitung einer berufsethischen Theorie, d. h. einer Ethik, die ihre Grundsätze auf ein bestimmtes Teilgebiet menschlichen Verhaltens und Handelns anwendet.

---

[108] s. Kap. 5.2.2.1.

Eine solche berufsethische Theorie hat eben deswegen – wie jede normative Ethik – ihre weltanschaulichen Voraussetzungen, die zu einem bestimmten Begründsungstyp führen und eine Reihe fundamentaler Normen implizieren. Damit steht fest, daß es – zumindest prinzipiell – unterschiedliche Ethik-Theorien für ein und denselben Beruf geben kann. Eine *bestimmte* berufsethische Theorie ist also in der Regel ein Reflexionsangebot, das niemals das persönliche Nachdenken beruflich Betroffener ersetzen, sondern immer nur Impuls für sie sein kann.

Aus dem Gesagten ergibt sich das Programm der systematischen Erarbeitung einer berufsethischen Theorie, das auch im Folgenden verfolgt wird:

1. Die Grundlinien der Ethik sind offenzulegen und zu begründen, die auf das spezielle in Frage stehende Berufsfeld angewandt werden sollen. Im vorliegenden Fall wird das die universal-solidarische Ethik sein. (5.2.2.1.)
2. Der Beruf, um den es geht – hier die Berufe sozialen Helfens – ist in seinen ethisch-relevanten, d. h. zwischenmenschliches Verhalten betreffenden Wesensmerkmalen (Strukturen) vorzustellen. (5.2.2.2.)
3. Die Schritte (das Programm) der Anwendung der begründet-gewählten Ethik (s.o.) auf die spezielle Problematik des betreffenden Berufes (s.o.) sind festzulegen. (5.2.2.3.)
4. Das Programm ist entsprechend durchzuführen. (5.2.2.4.)

5.2.2.1. Grundlegung einer universal-solidarischen Ethik

Nach den Ausführungen der vorangehenden Kapitel 3 und 4 versteht es sich von vornherein, daß die hier vorgestellte „Ethik helfender Berufe“ nur ein *allgemeiner Entwurf oder Vorschlag* sein kann, Grundlinien bzw. wesentliche Aspekte einer Ethik professioneller sozialer Hilfe zu entwickeln. Dabei gilt auch für diesen Entwurf, daß er im Sinne des Gesagten seine eigenen weltanschaulichen und ethischen Axiome haben muß, die also zuallererst offenzulegen sind.

5.2.2.1.1. Das weltanschauliche Fundament einer universal-solidarischen Ethik

Die Welt des endenden 20. Jahrhunderts ist eine vernetzte und pluralistisch denkende. Dem Pluralismus weltanschaulicher Standpunkte entspricht ein Pluralismus empirischer wie auch normativer

Ethiken. Es gilt diesen Pluralismus ernst zu nehmen, denn er ist Ausdruck menschlicher Freiheit, um die es ja auch der Ethik geht. Ihn ernst zu nehmen heißt, ihn zum Probierstein zu wählen. Was an ihm sich bewährt und vor ihm seine Gültigkeit unter Beweis zu stellen vermag, verdient Beachtung. Mit Sicherheit bewährt sich aber nur das vor ihm, was der „kleinste gemeinsame Nenner" aller ihn konstituierenden unterschiedlichen Auffassungen ist, was von ihnen allen - trotz aller Differenzen - bejaht wird und bejaht werden muß. Es sind fundamentalste weltanschauliche Annahmen mit gleichzeitig ethischem Gewicht.

Was also haben alle Ethiken einer sich möglicherweise noch stärker pluralisierenden Welt fraglos gemeinsam? Das, was sie gar nicht bestreiten können, ohne sich selbst aufzuheben, ohne sich selbst *ad absurdum* zu führen.

Jede normative Ethik *muß* anerkennen, daß sittliches Handeln in der Welt *sinnvoll* ist. Worin dieser Sinn liegt, ist dagegen schon äußerst strittig. So muß die inhaltliche Bestimmung des Sinns unterbleiben. Sinn wird also nur „transzendental" zu bejahen, d. h. als Bedingung der Möglichkeit normativer Ethik überhaupt anzuerkennen sein. Wo jeder Sinn und auch dort, wo der Sinn moralischen Handelns geleugnet wird, ist jedes Bemühen um normative Ethik entweder absurd oder instrumentell mißbräuchlich.

Weiterhin kann behauptet werden, daß moralisches Handeln nur unter der Bedingung als sinnvoll aufzufassen ist, daß die Welt, in der es stattfindet, nicht sinnlos ist und bleibt. Es mag sein, daß man der Welt an sich einen Sinn zuspricht, der es erlaubt, auch das Leben und Handeln in ihr als sinnvoll zu erachten. Es ist aber ebenso denkbar, daß in der Welt erst dadurch Sinn aufscheint, daß sie der Ort des in seinem Sinn bejahten moralischen Lebens und Handelns ist. Die Frage, welche Sicht die richtige ist, muß und soll hier nicht beantwortet werden.

Aus diesen wenigen fundamentalen weltanschaulichen Annahmen lassen sich nun

a) die wesentlichen Elemente einer Ethik (s. 5.2.2.1.2.) sowie
b) die Grundsätze ihrer Begründung (s. 5.2.2.1.3.) ableiten.

5.2.2.1.2. Die normative Ethik universaler Solidarität

Die unabdingbare Voraussetzung jeder Ethik ist die zumindest formelle Bejahung der Sinnfrage, die ihrerseits prinzipiell nur in dem Maße denkbar ist, wie Werte anerkannt werden. Aus diesem Sachverhalt ergibt sich ein bemerkenswerter Ansatz für die Konstruktion einer normativen Ethik.

Keine Ethik kann dann nämlich auf einem tieferen und sichereren Fundament stehen als die, welche auf eben jener unbedingt nötigen Voraussetzung von Ethik aufbaut.

Diese Voraussetzung, d. h. die Anerkennung von Werten ist aber kein abstraktes und unpersönliches Geschehen, sondern verlangt ein Lebewesen, das die Fähigkeit und Bereitschaft dazu hat. Von allen uns bislang bekannten Lebewesen ist das aber nur der Mensch, genauer der *lebende* Mensch, wenngleich keineswegs auszuschließen ist, daß im All auch noch andere Wesen existieren, die ebenfalls diese Eigenschaften besitzen.

Das Leben des Menschen (und jener möglichen anderen Lebewesen) erscheint in dieser Perspektive als implizit immer schon anerkannter Grundwert, als Wert an sich jeder normativen Ethik; es ist die *Bedingung der Möglichkeit moralischen Handelns.* Dieser Gedanke findet sich beispielsweise bereits im kategorischen Imperativ *Immanuel Kants* ausgesprochen, der in einer seiner Fassungen folgendermaßen lautet:

> „Handle in Beziehung auf ein jedes vernünftiges Wesen (auf dich selbst und andere) so, daß es in deiner Maxime zugleich als Zweck an sich gelte."[109]

Mit anderen Worten: die Anerkennung des Selbst-Wertes jedes vernunftbegabten und somit moralfähigen Lebewesens ist die Bedingung der Möglichkeit praktizierter Ethik. Die Norm, die diese Anerkennung gebietet und damit jenen Wert schützt, ist die *transzendentale Grundnorm* von Ethik überhaupt. So gesehen ist normative Ethik im Kern immer universal-solidarisch: Sie betrachtet alle auf Vernunft angelegten und moralfähigen Lebewesen als eben damit in Beziehung zueinander Stehende und als Schicksalsgemeinschaft vereint.

Die transzendentale Grundnorm anzuerkennen, d. h. in jedem vernunftbegabten Lebewesen einen Selbst-Wert zu sehen, *verbietet* seine bloße Instrumentalisierung für fremde Zwecke, seine intentionale Erniedrigung zum reinen Dienst-Wert. Es *gebietet* die Anerkennung seiner unveräußerlichen Rechte

a) auf Leben (als Lebewesen) und
b) auf persönliche Sinndeutung (als Vernunftwesen).

---

[109] I. Kant: Grundlegung zur Metaphysik der SItten, Werke VII, 71.

Anders formuliert: die transzendentale Grundnorm beinhaltet als wesentliche Komponenten:

a) das *generelle Tötungsverbot* im Hinblick auf alle vernunft-begabten und damit zu moralischem Handeln prinzipiell fähigen Lebewesen sowie

b) das *Toleranzgebot* im Hinblick auf alle vernünftigen Sinndeutungen der Welt, wobei als vernünftig sich gerade jene Sinndeutungen selbst zu erkennen geben, die u. a. eben diese beiden Komponenten als wesentliche Elemente beinhalten.

Die Anerkennung dieser fundamentalen Normen verlangt ihre Umsetzung im Verhalten und Handeln. Zwingende Konsequenzen daraus sind Wohlwollen und Mitleid, die im helfenden Handeln praktisch werden.

Das Gesagte beinhaltet bereits die entscheidenden Elemente universal-solidarischer Ethik; es impliziert Aussagen zur *Motivation*, zum *Prinzip* und zum *Ziel* moralischen Handelns. Thesenhaft lassen sie sich wie folgt darstellen.

A. Die Motivation

Die Motivation moralischen Handelns gründet im Gefühl der Achtung für die Würde des Menschen bzw. jedes Lebewesens, das eine zur Sittlichkeit fähige und bereite Spezies repräsentiert.[110] Mit ihm weiß sich der sittlich handelnde Mensch auf einer Ebene verbunden, die das rein Biologische und Materielle weit übersteigt. Eben deswegen kann er auch das Leid eines solchen Lebewesens mitleiden. Das leidende Tier *tut ihm leid; Mit-Leid* im Vollsinn des Wortes empfindet er dagegen für das leidende Wesen, mit dem er sich identifizieren kann, das ihm wesensverwandt ist, dessen Würde seine eigene Würde ist, dessen Schmerz sein eigener Schmerz sein kann. Sittliches Handeln aus Achtung vor der Würde des anderen[111] oder aus Mitleid mit ihm[112] sind so gesehen ein und dasselbe.

[110] s. hierzu H. Baum: Bannkreise des Tötens, Sankt Augustin 1995.
[111] s. hierzu Kap. 4.1.
[112] s. hierzu Kap. 5.2.2.4.1.A.

B. Das Prinzip

Das Prinzip moralischen Handelns ist, jedem Angehörigen einer zur Sittlichkeit fähigen und bereiten Spezies nicht zu schaden, sondern so weit wie möglich zu helfen.

C. Das Ziel

Das Ziel moralischen Handelns ist eine sittliche Welt, d. h. eine Welt, die sich im Maße sittlichen Handelns (s. A und B) verwirklicht. Moralisches *Handeln* ist also nicht das schrittweise *Herstellen* einer utopischen Welt, die sein äußeres Fernziel wäre. Es ist, wenn es gelingt, immer schon an seinem Ziel.[113]

5.2.2.1.3. Die Begründung einer normativen Ethik universaler Solidarität

Die Ethik universaler Solidarität läßt sich nicht exklusiv einem einzigen jener drei traditionellen Begründungsmodelle der Ethik zuordnen; sie ist axiologisch, teleologisch und deontologisch zugleich, wenn auch in unterschiedlicher Hinsicht:
- *axiologisch*, insofern sie in jedem Vernunftwesen die Fähigkeit voraussetzt, den Selbst-Wert ethischer Handlungsfähigkeit in jedem Vernunftwesen zumindest prinzipiell verkörpert zu sehen und die davon ausgehende Aufforderung zur Achtung für dieses Wesen als Inkarnation jener Fähigkeit zu fühlen;
- *teleologisch*, insofern sie die universale Solidarität aller Vernunftwesen bejaht, die als inneres Ziel moralischen Handelns immer schon gegeben, aber im persönlichen Handeln auch immer erst noch anzustreben und zu verwirklichen ist;
- *deontologisch*, insofern die eigene Vernunft und die durch sie gewonnene Einsicht in das erstrebenswerte Ziel (teleologische Begründung) und den begründenden Wert (axiologische Begründung) zugleich als nicht zurückzuweisende, unbedingte Selbst-Verpflichtung begriffen wird.

5.2.2.2. Aspekte und Strukturen professionellen sozialen Helfens

Ein (Schein-)Problem der Ethik sozialer Berufe liegt darin, daß Hilfeleistung zum einen hier berufliche Aufgabe ist, zum anderen

[113] s. hierzu Kap. 5.2.2.3.3.C.

aber auch etwas mit moralischem Handeln zu tun hat, so daß die sachliche Ausübung sozialer Berufe zugleich eine moralisch gute Tat zu sein scheint. Dabei ist jedoch sehr wohl zu differenzieren. Es gilt zunächst, das berufliche Helfen in den Blick zu nehmen, um seine relativ einfache Grundstruktur aufzudecken. (s. 5.2.2.2.1.) Die Elemente dieser Struktur können sodann als Schlüssel für die systematische Ausarbeitung einer Ethik helfender Berufe dienen (s. 5.2.2.2.2.).

5.2.2.2.1. Aspekte: Helfen als ethischer Auftrag – Helfen als berufliches Handeln – ethisches Helfen im professionellen Helfen

„Helfen" allgemein heißt: sich für einen anderen einzusetzen, einem anderen bei der Lösung ihn bedrängender Probleme beizustehen. Und so vielfältig die Probleme denkbar sind, die Menschen belasten können, ebenso breit differenziert kann die geleistete Hilfe vorgestellt werden. Welche Motivationen und Zielvorstellungen das Helfen jeweils beeinflussen, bleibt in dieser Perspektive unbeachtet. In ethischer Sicht sieht das anders aus.

Arthur Schopenhauer hat in seiner „Preisschrift zur Grundlage der Moral" als Prinzip *ethischen* Handelns Folgendes festgehalten:

> „*Neminem laede; imo omnes, quantum potes, iuva* [Verletze niemanden; vielmehr hilf allen, soweit du kannst]."[114]

In diesem Sinne wäre die Aufforderung zum Helfen (und Nicht-Verletzen, Nicht-Schaden) die Kernaussage des Prinzips und damit auch schon die Wesensbestimmung moralischen Handelns überhaupt.

Wenn hier vom *professionellen* Helfen die Rede ist, so ist Helfen nicht schon als Synonym moralischen Handelns im Sinne *Schopenhauers* gemeint, sondern zunächst als Klassifikationsbegriff bestimmter Berufe, die auch – zumindest in gewissem Maße – wie jeder andere Beruf „technisch sauber" abgewickelt zu werden können scheinen, ohne dabei als moralische Leistung anerkannt werden zu wollen oder gar zu müssen.

Der Arzt muß das moderne know-how der Schulmedizin beherrschen, die Sozialarbeiterin verfügt über Methoden ihres Faches – aber beide werden

---

[114] A. Schopenhauer: Preisschrift zur Grundlage der Moral, Werke VI, 177.

während ihres Studium keineswegs notwendig zu ethisch geläuterten Helfern ausgebildet. Dennoch gehören, worauf weiter oben bereits hingewiesen worden ist, gerade diese helfenden Berufe zu jenen wenigen, die auch heute noch einen spezifischen Ethos sich „anmaßen", d. h. bestimmte ethische Leitlinien sich zum Maß nehmen.

Wenn nun helfende Berufe nicht nur „technisch sauber" abgewickelt, sondern „ethisch gut" praktiziert werden wollen, so verknüpft sich die *beruflich geleistete Hilfe* mit der *ethisch geforderten Hilfe*. Verbindet man in diesem Sinne Sozialarbeit als professionelle „Hilfe zur Selbsthilfe" mit Schopenhauers Formulierung des Ethik-Prinzips, so resultiert als fundamentales Gesetz der Ethik helfender Berufe: *Hilfe zur Selbsthilfe darf in dem Maße, wie sie moralisch zu sein beansprucht, niemandem schaden, sondern muß allen so weit wie möglich helfen.* Der Satz scheint auf den ersten Blick überladen und sich in seiner Aussage mehrfach zu wiederholen. In Wahrheit verbergen sich in ihm unausgesprochene weiterführende Annahmen, wichtige zusätzliche Informationen:

1. Hilfe, die einem Bedürftigen geleistet wird, steht in einem größeren Zusammenhang, der – unter ethischen Gesichtspunkten – nicht vernachlässigt werden darf: Hilfe, die zugleich einem Dritten (das kann auch die Gesellschaft als ganze sein) unbillig Unrecht oder Schaden zufügt, ist ethisch nicht zu rechtfertigen.

2. „Helfen" und „Helfen" sind nicht immer dasselbe. Das berufliche Helfen ist in gewissem Maße eine empirisch Größe. Wenn das konkret anstehende Problem eines Hilfsbedürftigen mit Hilfe der Sozialarbeiterin gelöst ist, so sind auch schon alle Bedingungen erfüllt, um von einem erfolgreichen Helfen zu sprechen. Die ethisch bedeutsame Frage, was der wahre Beweggrund und das persönliche Ziel der Helfenden dabei war, bleibt ebenso ausgeklammert wie die nach den weiterreichenden Folgen dieser Aktion auch für andere direkt oder indirekt Betroffene. Motivation bzw. Intention sowie die weiteren Folgen des Helfens fallen dagegen entscheidend ins Gewicht, wenn es herauszufinden gilt, ob das berufliche Helfen zugleich auch ethisches Helfen ist. Und dabei geht es keineswegs nur um empirisch erfaßbare Faktoren.

So sagt das Gesetz der Ethik helfender Berufe weit mehr aus, als sein Wortlaut zunächst herzugeben scheint, nämlich: Berufliche Hilfe zur Selbsthilfe, die für sich Moralität beansprucht,

1. muß die geleistete Hilfe zu optimieren bzw. im Maße des Möglichen auszuweiten versuchen und dabei gleichzeitig jeden unbilligen Schaden vermeiden;

2. sie muß vom Mitleid für die Hilfsbedürftigen bzw. vom Respekt für ihre Menschenwürde *motiviert* sein, und d. h.

3. *sie muß alle ihre voraussehbaren Folgen* (auch gegenüber Dritten) und nicht etwa nur die direkt gewünschten abwägen; sie muß zunächst sicherlich das Wohl der Hilfsbedürftigen, aber letztlich immer auch das Wohl *aller* als ihr Ziel ansehen.

5.2.2.2.2. Strukturen professionellen sozialen Helfens

Wer aber sind diese „alle"? Die Antwort lautet zunächst: alle, die vom beruflichen helfenden Handeln betroffen sind. Das sind neben den Klienten und (Teilen) der Gesellschaft auch die Kolleginnen und gewisse Institutionen, das ist aber immer auch die Handelnde selbst. Ebenso ist der andere Halbsatz zu interpretieren, daß niemandem Schaden zuzufügen ist: nicht den Klienten, nicht der Gesellschaft, keinem Kollegen und keiner Kollegin, ebensowenig den involvierten Institutionen - aber auch wiederum der Handelnden selbst nicht.

Es ist deutlich genug: wir stehen im Koordinatensystem der Sozialarbeit und ihres Ethos, das bereits in der Einleitung vorgestellt worden ist. Jetzt soll darauf etwas näher eingegangen werden.

Blicken wir - um einen Ausgangspunkt zu gewinnen - zunächst auf die Normenkataloge der sozialarbeiterischen Berufsverbände[115], so stellen sich u. a. folgende Fragen:

1. Sind die jeweils genannten Normen wirklich berufsspezifisch; sind nicht eine ganze Reihe darunter eher Normen des zwischenmenschlichen Handelns allgemein?

Gilt das nicht z. B. für Achtung, Höflichkeit, Gerechtigkeit, Treu und Glauben (vgl. den NASW-Berufskodex III)?

2. Sind die genannten Normen wirklich richtig „*etikettiert*", stehen sie am rechten Ort?

Ist z. B. berufliche Integrität tatsächlich eine ethische Pflicht gegenüber sich selbst und nicht vielmehr eine Pflicht gegenüber den Klienten? (Vgl. den NASW-Berufskodex ID)

---

115 Vgl. hierzu im Anhang: a) die „Berufsordnung" des Deutschen Berufsverbandes der Sozialarbeiter und Sozialpädagogen e.V., Kiel 1974, sowie b) „NASW-Berufskodex - eine Zusammenfassung der Prinzipien", übersetzt von E. Fischbacher, in: Sozialarbeit 4, 1986, 8.

3. Sind überhaupt alle – so wie sie da aufgezählt sind – *ethische* Normen?

Inwiefern ist der Schutz des Auftrags des Berufs eine ethische Norm und nicht eher eine verbandsinterne, also politisch-pragmatische Verhaltensregel? (Vgl. den NASW-Berufskodex, V)

4. Fehlen nicht höchst wichtige ethische Normen in dieser Aufzählung, so daß diese ergänzungsbedürftig wäre?

Wo findet sich ein Hinweis auf die berufliche Pflicht, sich gerade auch auf dem Gebiet ethischer Theorie ernsthaft um profundes Wissen zu bemühen?

Um Mißverständnissen vorzubeugen: Diese Fragen sollen nicht unbedingt Kritik am Berufskodex sein, sondern eher der Klarstellung des Anliegens der vorliegenden Untersuchung dienen: Im Folgenden geht es nicht darum, an ethische Normen zu erinnern, die für jeden Menschen und u. a. auch für die Sozialpädagogin und Sozialarbeiterin gelten. *Vielmehr sollen nur jene ethischen Normen herausgearbeitet werden, die durch die spezielle Problematik des professionellen Helfens im Rahmen der Sozialarbeit besonderes Gewicht gewinnen.* Eben diese sollen aber systematisch erarbeitet und nicht nur in beliebiger Reihenfolge aufgelistet werden. Schlüssel dieser Systematik soll die Grundstruktur sozialen Helfens sein.

Wenn von Sozialarbeit und Sozialpädagogik als Formen professionellen sozialen Helfens gesagt wird, daß sie „Hilfe zur Selbsthilfe" sind, so ist damit nicht nur das Ziel dieses Helfens ausgewiesen: der (Wieder-)Gewinn der Fähigkeit, sich selbst zu helfen. Zugleich ist damit auch festgestellt, daß diese Hilfe nur dann und dort überhaupt einsetzt, wo jene Fähigkeit partiell oder total fehlt. Insofern liegt hier der Praxis immer schon das sogenannte Subsidiaritätsprinzip zugrunde, das letztlich aus Respekt vor der Würde der Person dem einzelnen (Erwachsenen) das Recht und die Pflicht zuspricht, seine existentiellen Probleme so weit wie möglich selbst zu lösen.

Eben damit wird auch die prinzipielle Struktur sozialer Hilfe berührt. Im helfenden Handeln der Sozialarbeit und Sozialpädagogik verwirklicht sich eine zwischenmenschliche Beziehung, in der auf der einen Seite die *hilfsbereite* und auf Grund ihrer beruflichen Ausbildung auch *zum Helfen wirklich fähige Person* steht. Auf der anderen Seite müßte ein *hilfsbedürftiger* Mensch stehen, der auch *die Bereitschaft haben sollte, sich helfen zu lassen*, was tatsächlich bei weitem nicht immer der Fall ist und die Aufgabe des Helfens erschwert.

Die Sozialarbeiterin bzw. Sozialpädagogin stellt sich einerseits in den Dienst der Hilfe für Menschen, die diese Hilfe objektiv brauchen, andererseits aber der Gesellschaft, deren Wohl die soziale Arbeit ebenfalls im Auge zu behalten hat. Dieser Dienst wird institutionell organisiert und ermöglicht, kann dabei aber sehr oft *effektiv* nur im Team geleistet werden, das insofern eine Dienst-Gemeinschaft darstellt, mithin nicht schon Zweck an sich ist, sondern sich im Hinblick auf jene Hilfe erst erklärt und rechtfertigt:

Die Hilfe selbst kann unterschiedlicher Form sein, und nicht immer und durchgängig muß sie in einer aktiven Intervention bestehen, wie oft vorschnell behauptet wird:

Wo die Bereitschaft des objektiv Hilfsbedürftigen, sich helfen zu lassen, fehlt, kann der erste Schritt der Hilfe u.U. schon darin bestehen, Zwangsmaßnahmen zu ergreifen oder aber durch entsprechendes Verhalten das Vertrauen des Klienten zu gewinnen (Später gilt es, das Vertrauen zu bewahren oder gar zu vertiefen.) Es ist eine Maßnahme, die man zu den Formen *indirekten, aber auch indirekten Helfens* zählen kann.

Unter *indirekter Hilfe* sind Formen des Helfens zu verstehen, die

a) entweder die Lösung der Probleme des Klienten zwar vorbereiten oder ermöglichen, aber nicht schon selbst bewirken, also – neben jenen bereits genannten Vertrauen schaffenden Maßnahmen z. B.

- *administrative* Arbeiten
- *informative, konsultative* Angebote;

b) oder aber zwar die Lösung selbst darstellen, aber von der helfenden Sozialarbeiterin nur als Vermittlerin geleistet werden, wie etwa:

- *distributive* Tätigkeiten (etwa Entscheidungen über die Vergabe von Sachleistungen).

Als *direktes Helfen* wären dagegen alle jene Maßnahmen oder Verhaltensweisen der Sozialarbeiterin/Sozialpädagogin aufzufassen, die unmittelbar der Problemlösung des Klienten dienen und häufig in einem Intervenieren bestehen, z. B.

- *assistierende* Tätigkeiten (Hilfe bei familiären Erziehungsproblemen, Behindertenbetreuung, Altenarbeit usw.)
- *kompletierende* Tätigkeiten (ergänzende Angebote neben der Schulausbildung im engeren Sinne: Erwachsenenbildungsarbeit, Freizeitpädagogik usw.)
- partiell oder total *kompensierende* Tätigkeiten (Ersatzerziehung im Heim u. a.).

Neben diesem aktiven Intervenieren gibt es aber noch andere

Formen direkter Hilfe, die eher passiv/reaktiv anmuten und für die an dieser Stelle der Oberbegriff „Akzeptieren“ gewählt wird:
– *permissives/intermissives Verhalten* (gerade auch in der Erziehungshilfe eine praktisch unerläßliche Hilfe: dem Klienten Spielraum zum eigenen Erproben und Irren lassen, unnötige – die Initiative des Klienten hemmende – Hilfestellungen unterlassen);
– *auditorisches/respektierendes* Verhalten (mitunter kann das interessierte Zuhören bereits die entscheidende Hilfe für eine Person sein, die sich dadurch in ihrem Problem ernst genommen sieht. Der Klient muß fühlen können, daß er nicht als Fall behandelt, sondern in seiner personalen Würde geachtet wird.)
Wir erhalten nach dem Gesagten folgendes Bild der Grundstruktur einer helfenden Beziehung und prinzipieller Hilfe-Formen:

Hilfsbereite (Team)	Hilfe	Hilfsbedürftige
mit professioneller Hilfsfähigkeit	Vertrauen herstellen oder u.U. Zwangsmaßnahmen ergreifen	a) ohne Bereitschaft sich helfen zu lassen: Vertrauensmangel, Verweigerung
		b) mit Bereitschaft sich helfen zu lassen:
Problem-Sensibilität		Appell um Hilfe zur Problem-Lösung
Problem-Diagnose-Fähigkeit		Mitarbeit bei Problem-Diagnose
Problem-Therapie-Fähigkeit		Mitarbeit bei Problem-Therapie
	Indirekte Hilfe: distributiv informativ konsultativ *Direkte Hilfe:* *a) Intervenieren:* assistierend kompletierend kompensierend *b) Akzeptieren:* permissiv intermissiv auditorisch respektierend	

Die ethische Problematik sozialer Arbeit oder allgemeiner: des professionellen Hilfe-Leistens ist übrigens, wie das Schema es indirekt verrät, nur ein Teilproblem des Hilfe-Geschehens. Ihm korrespondiert – sozusagen auf der anderen Seite der Beteiligten – die ethische Problematik des Sich-helfen-lassens, die eine eigene Untersuchung verdienen würde. Beschränkt man sich auf die Seite der Helfenden, so zeigen sich folgende fundamentale Strukturelemente bzw. Elementarstrukturen:

- die einzelne Helferin
- das Team (Kolleginnen und Vertreter anderer Berufe), in dem und mit dem die Helferin zusammenarbeitet
- sowie die geleistete Hilfe, die sich intentional auf die Hilfsbedürftigen richtet.

Die spezifische Problematik des professionellen Helfens im Rahmen sozialer Arbeit liegt somit

a) im beruflich geforderten *Selbst-Einsatz* der Sozialarbeiterin: der Aufbau und das Durchhalten einer zwischenmenschlichen Beziehung (mit den Klienten) gilt als entscheidendes „Instrumentarium“ ihrer Arbeit;

b) im *kooperativen Verhalten* aller an der Hilfe-Leistung Beteiligten: Sozialarbeit ist i.d.R. nur als Teamarbeit möglich;

c) in der *Hilfe* selbst, d. h. im Beistand, der Hilfsbedürftigen zuteil wird, um ihre existentiellen Probleme zu lösen: Probleme, die von den Hilfsbedürftigen selbst nicht immer klar gesehen oder gar als Probleme anerkannt werden.

Diese dreifache Problematik soll nun von ihrer *ethischen* Seite her betrachtet werden.

5.2.2.3. Die Anwendung universal-solidarischer Ethik auf die spezielle Problematik sozialen Helfens – das Programm

Zu Beginn dieses fünften Kapitels sind die Grundlinien einer universal-solidarischen Ethik vorgestellt, ihre Antworten auf die Fragen der Motivation, des Prinzips und des Ziels ethischen Handelns abgeleitet worden.

Im unmittelbar vorangehenden Abschnitt wurden aus den allgemeinen Strukturen sozialen Helfens seine drei spezifischen Teilprobleme aufgedeckt.

Nun geht es darum, die Grundlinien universal-solidarischer Ethik auf diese spezifischen Probleme professioneller sozialer Hilfe anzuwenden. Damit steht das Programm fest. Es ist die Suche nach Antworten auf neun Teilfragen, die sich logisch stellen:

Fragen 1–3: Was bedeutet es für den beruflichen *Selbsteinsatz* der Sozialarbeiterin, wenn sie

- im Geist universal-solidarischer Ethik *motiviert* ist?
- das *Prinzip* universal-solidarischer Ethik befolgen will?
- und sich ein dieser Ethik entsprechendes *Ziel* setzt?

Fragen 4–6: Wie zeigt sich in der beruflichen *Kooperation*

- die universal-solidarische *Motivation*?
- das *Prinzip* universal-solidarischer Ethik?
- und das universal-solidarisch befürwortete *Ziel?*

Fragen 7–9: Wie muß professionelle soziale *Hilfe* geleistet werden, wenn sie

- universal-solidarisch *motiviert* ist?
- dem *Prinzip* universal-solidarischer Ethik gerecht wird?
- und das *Ziel* anstrebt, das nach dieser Ethik richtig ist?

5.2.2.4. Ethik für helfende Berufe

5.2.2.4.1. Ethik des selbstverantwortlichen Einsatzes: Personalität

Verantwortung bezeichnet:

a) die Zuständigkeit von Personen, die sie

b) für bestimmte Aufgaben an Dingen oder gegenüber Lebewesen übertragen bekommen oder auf sich genommen haben und

c) vor einer Instanz zu rechtfertigen haben.

Bei der *Selbst-Verantwortung* fallen diese drei Beziehungsgrößen in einer einzigen, dem „Selbst“ zusammen: Die betreffende Person *selbst* ist zuständig für *sich selbst* und hat diese Zuständigkeit auch vor *sich selbst* auszuweisen und zu rechtfertigen. Damit ist die Reflexivität, d. h. die Fähigkeit zu sich selbst in einer erkennenden, bestimmenden und kritischen Beziehung stehen zu können, die unabdingbare Voraussetzung von Selbstverantwortung überhaupt. Diese Fähigkeit besitzt nur die reife Person, ja sie macht ihr Wesen aus.

In der speziellen Problematik der vorliegenden Abhandlung geht es nicht um die Selbstverantwortung einer solchen Person allgemein, sondern der Person, die sich in sozialer Hilfe professionell engagiert. Es wäre kurzsichtig, die ethische Frage *personaler* Selbstverantwortung auf den handelnden Selbst-Einsatz in der alltäglich beruflich zu leistenden Hilfe für andere einzugrenzen. Dieser handelnde Umgang mit sich selbst ist Teil eines Gesamtprozesses und wird durch Motivation und Zielvorstellung mitbestimmt.

Im gegebenen Zusammenhang geht es, wie gesagt, nicht um jene Selbstverantwortung, die aus ethischer Sicht letztlich jeder Mensch für sich als menschliches Individuum hat, sondern um die gewissermaßen zusätzliche spezifische Verantwortung der Sozialarbeiterin für sich als professionell Helfende. Dieser ethischen Pflicht der Selbstverantwortung als Sozialarbeiterin kann sie nur in dem Maße gerecht werden, wie sie an sich selbst die kritischen Fragen stellt:

- Was ist meine wahre *Motivation*, was bewegt mich wirklich, mich gerade so und nicht anders zu mir selbst als Helferin zu verhalten?
- Wie steht es um mein Helfen? Nach welchen *Prinzipien* gehe ich dabei mit mir selbst als Helferin um?
- Was ist mein ureigenes *Ziel* als professionelle Helferin? Wohin steuere ich mich selbst in meiner Arbeit hin?

Diese Fragen und vor allem die letzte könnten zunächst verwirren; denn es wurde ja schon mehrfach betont, daß das eigentliche Ziel der Sozialarbeit/Sozialpädagogik die Hilfe für die Klienten sein soll und sein muß. Dazu ist Folgendes zu sagen: Natürlich ist die Sozialarbeiterin für das Ziel, *anderen* zu helfen, zuständig und verantwortlich, denn sie hat es zur Aufgabe ihres Berufes gemacht. Dieses Ziel ist und bleibt das objektive Ziel ihrer Tätigkeit; unabhängig von allen subjektiven Zielsetzungen, ist es die Aufgabe sozialer Arbeit, Hilfsbedürftigen Beistand zu leisten. Aber dieses Ziel betrifft ja gerade nicht das *Selbst* der Sozialarbeiterin. Um eben dieses Selbst geht es jedoch hier, wo nicht von Verantwortung, sondern zunächst von Selbst-Verantwortung die Rede ist. Die Selbstverantwortung der Helfenden ist integraler Bestandteil einer Ethik helfender Berufe und darf nicht stillschweigend übergangen werden. Nicht zuletzt deswegen, weil die Ausübung dieser Selbstverantwortung schwerwiegende Auswirkungen für die Verantwortung gegenüber anderen hat.

A. Die Motivation

Was könnte im ausgehenden zwanzigsten Jahrhunderts motivieren, den Beruf einer Sozialarbeiterin zu wählen und sich in dieser Arbeit einzusetzen? Und was könnte dabei zu einem ganz bestimmten Maß an Selbst-Einsatz motivieren?

Hoffnung auf sozialen Prestige-Gewinn dürfte es kaum sein, denn um die öffentliche Anerkennung dieses Berufes sieht es nicht allzu rosig aus, und daran änderte auch nichts ein verstärktes persönliches Engagement. Es locken keine hohen Gehälter, und die Arbeit selbst ist eher anstrengend; Frustration bleibt kaum aus.

Die oft zu hörende Antwort, daß es der dringende Wunsch sei, anderen Menschen, die darauf angewiesen sind, zu helfen, mag zwar zutreffen, geht aber der Sache nicht genügend auf den Grund, führt lediglich zu einer Umformulierung der gestellten Frage, die jetzt nicht mehr lautet: Was motiviert mich zu meinem Engagement im helfenden Beruf?, sondern: Was motiviert mich, anderen Menschen zu helfen, und zwar gerade in dem Maße, wie ich es tue? Die Frage selbst aber verlangt weiterhin eine Antwort.

Steckt nicht – bei besonders hohem Einsatz – vielleicht doch die Hoffnung dahinter, eine größere Dankbarkeit der Klienten zu ernten? Das wäre menschlich sehr verständlich, moralisch aber nicht ausreichend, da zu Ich-bezogen.

Ist es das betont altruistische Engagement im Diesseits, wobei der Blick bereits ins Jenseits weitergeht: zur himmlischen Belohnung, die umso höher ausfällt, je mehr an „irdischem Einsatz“ geboten wurde? Bei religiös eingestellten Helferinnen keine ohne weiteres auszuschließende mögliche Motivatioin; aber auch hier läge ein verkappter Egoismus vor, der die Moralität in Frage stellen würde.

Noch problematischer wäre jene bereits in der Einleitung erwähnte Möglichkeit des bewußten oder unbewußten Wunsches, den Klienten von sich als Helferin noch stärker abhängig zu machen, um auf diesem Wege das eigene Selbstwertgefühl positiv zu beeinflussen. Fraglos ein unmoralisches Verhalten, da es in Wahrheit demjenigen schadet, dem zu helfen vorgegeben wird.

Neben diesen exemplarisch genannten Motivationen gibt es sicherlich noch eine Fülle anderer.

Die Frage, um die es hier geht, ist eine andere; es ist keine Frage empirisch-ethischen Handelns, sondern eine Frage im Rahmen normativer Ethik. Sie lautet nicht „was könnte ...“, sondern „was *sollte* die Sozialarbeiterin motivieren, sich in ihrem Beruf in einem bestimmten Maß einzusetzen? Welcher Motivation wäre Moralität im Sinne einer goldenen Mitte zwischen Egoismus (Ich-Bezogenheit) und Altruismus (Ich-Entäußerung zum anderen hin) zuzusprechen? Hier lohnt ein Blick in die Ethik *Arthur Schopenhauers*.

Exkurs: Die Mitleids-Ethik Arthur Schopenhauers

Arthur Schopenhauer (1788-1860) hat in seiner Schrift „Über die Grundlage der Moral“ ausführlich zur Frage der ethischen Motivation Stellung bezogen und die Behauptung aufgestellt, daß es überhaupt nur

„drei Grund-Triebfedern der menschlichen Handlungen (giebt) ...
a) Egoismus; der das eigene Wohl will ...
b) Bosheit; die das fremde Weh will ...
c) Mitleid; welche das fremde Wohl will ..."[116]

Als einzige Triebfeder *moralischen* Handelns bleibt, so seine Schlußfolgerung, das Mitleid.

Viele Philosophen haben im Gegensatz zu *Schopenhauer* das Mitleid als bloßen Affekt im Gegensatz zur Vernunft gesehen und es daher als zuverlässigen Beweggrund skeptisch beurteilt. *Walter Schulz* hat *Schopenhauers* Position dennoch gewürdigt und selbst weiterführend aufgegriffen. Er schreibt u. a.:

„Angesichts ... (des) Leidens erwacht der unmittelbare Wille zu helfen, gleichgültig, woher das Leiden kommt, ob durch unverschuldete Umstände oder durch menschliche Grausamkeit. Dieser unmittelbare Wille zu helfen ist der Wesenscharakter des Mitleids ...
Das Mitleid ist aber nicht nur ein bei einem gegebenen Anlaß einsetzender Affekt. Mitleid kann auch über den vorliegenden Fall hinausgehen und sich als *vorgreifende Bereitschaft* konstituieren, Leiden, wo auch immer und wie auch immer es auftritt, zu verhindern oder zu lindern."[117]

Überdenkt man – unter Berücksichtigung des Schulzeschen Kommentars – die Position *Schopenhauers*, so neigt man zunächst leicht dazu, seine Zustimmung zu geben. Bei kritischer Betrachtung stellt sich allerdings schnell die Frage, ob seine Sicht nicht ergänzt und somit korrigiert werden muß. Hat *Schopenhauer* denn wirklich Recht, wenn er behauptet, daß es *drei* fundamentale Beweggründe des Handelns gebe? Und trifft seine Definition des „Mitleids" nicht eher für das zu, was man unter „Altruismus" versteht? Das Schema fundamentaler Motivationen könnte folgendermaßen konzipiert werden:

---

[116] A. Schopenhauer: Preisschrift zur Grundlage der Moral, Werke VI, 249.

[117] W. Schulz: Philosophie in der veränderten Welt, Pfullingen 1972, 753.

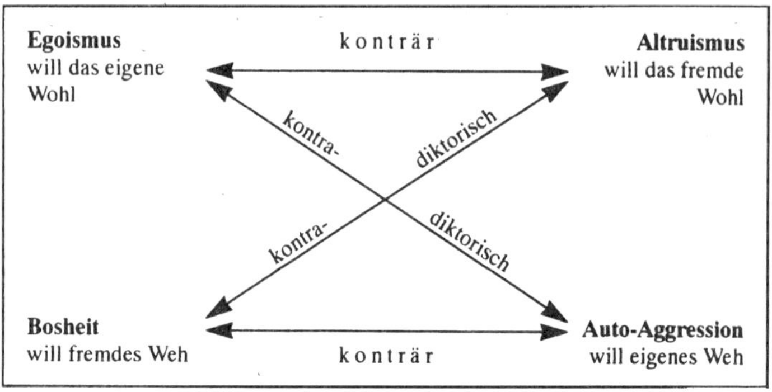

In diesem Koordinaten-System möglicher Motivationen käme einem allgemeinen Wohlwollen und Mitleid ein Mittelplatz zu:

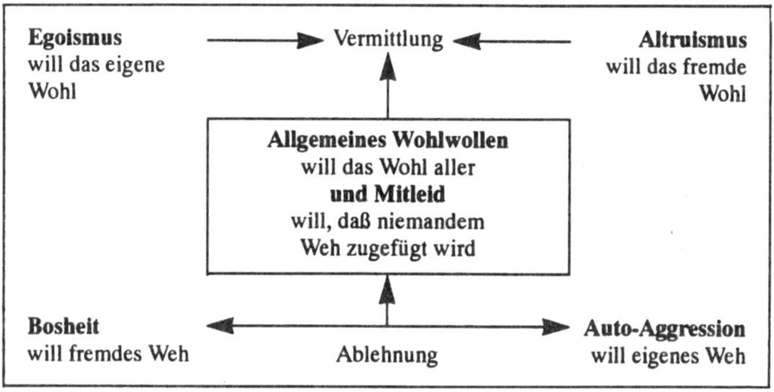

Das allgemeine Wohlwollen vermittelt die einseitigen Positionen des Egoismus und Altruismus; es hebt den konträren (d. h. – im Gegensatz zum kontradiktorischen Widerspruch – vermittelbaren) Gegensatz zwischen ihnen dadurch *positiv* auf, daß es beide in ihre Schranken verweist, beide auf ein berechtigtes Maß zurückführt. Das allgemeine Wohlwollen berücksichtigt das fremde wie auch das eigene Wohl in angemessener Weise.
Das allgemeine Mitleid hebt den konrären Gegensatz von Bosheit und Auto-Aggression *negativ* auf, beseitigt ihn nämlich dadurch, daß es sich ablehnend gegen beide wendet. Allgemeines Mitleid ist unvereinbar mit Bosheit und Selbstzerstörung.

Mitleid und Wohlwollen sind somit ein Verhalten der „goldenen Mitte“: Mitleid besteht nicht – wie *Schopenhauer* meint – darin, nur fremdes Wohl zu wollen (das genau ist Altruismus). Wie menschliches Wohlwollen *allen* Menschen, also auch dem eigenen Ich gilt, so wendet sich Mitleid gegen jedes Leid, das wem auch immer zugefügt wird. (So weit zu *Arthur Schopenhauer*.)

Die Reflexivität des Menschen, seine Fähigkeit, zu sich selbst auf betrachtende und kritische Distanz gegen zu können, läßt auch Mit-Leid mit sich selbst zu: das reflexive Erleiden des eigenen Leids.[118] Das betrachtende, über sich nachdenkende Ich leidet mit sich als betrachtetem Ich mit. Dieses Selbst-Mitleid ist kein egoistisches weinerliches Klagen. Es meint ebensowenig das altruistische Bedauern des eigenen Leids, weil es andere belastet. Es ist das Leiden unter dem Leid überhaupt, egal wen es betrifft. In diesem speziellen Fall ist es eben das eigene Ich.

Das Mitleid ist Teil bzw. Konsequenz allgemeinen Mitgefühls; es entzündet sich am Leid eines Menschen und bewegt dazu, dieses Leid zu lindern, zu beseitigen oder gar – vorausschauend – zu verhindern. Das Wohlwollen im engeren Sinne geht darüber hinaus; es bewegt nicht nur dort zum helfenden Eingreifen, wo Leid zu beobachten ist, sondern auch da, wo die Möglichkeit sichtbar wird, einen Beitrag zum wachsenden Wohl zu leisten.

Im Mitleid und Wohlwollen, hier ist *Schopenhauer* zuzustimmen, identifiziert sich das Ich mit dem Du. Gerade das aber heißt, daß es sich gegen das fremde Weh wendet, weil es auch als das letztlich eigene empfunden wird. Wenn Wohlwollen und Mitleid (bzw. Respekt vor der Menschenwürde) als die wahrhaft ethischen Motivationskräfte ausgewiesen werden, so ist im Sinne der ihnen zugrundeliegenden Reflexionsfähigkeit sogleich hinzuzufügen, daß Wohlwollen und Mitleid nicht exzessiv sein dürfen, sondern kritisch kontrolliert und „dosiert“ eingesetzt werden müssen. Das verlangt *Redlichkeit* gegenüber sich selbst. Es gilt, sich über die eigene Motivation Rechenschaft abzugeben. Es bedeutet weiterhin *Maß* halten: der richtigen Motivation folgen, ohne ihr Opfer zu werden; sich

---

[118] So zeigt sich – bei näherem Hinsehen – die problemlose Vereinbarkeit der These Schopenhauers vom Mitleid als ethischer Motivation mit der Position Kants, nach der es die Achtung vor der Würde, d. h. Freiheit oder Vernunft jedes Menschen (sowohl aller Mitmenschen als auch des Ich) ist, die zum ethischen Handeln motivieren muß.

bewußt und ausbalanziert motivieren zu lassen und nicht – wie das Tier – einem Antrieb ausgeliefert zu sein. Gesucht ist mithin das, worin bereits die griechischen Philosophen das Wesen der Tugend sahen: die goldene Mitte zwischen egoistischem *laisser-faire* und altruistischer Selbstvergessenheit. Mitleid und Wohlwollen verlieren als Motivation dort ihren moralischen Wert, wo sie – ohne Notwendigkeit – selbstzerstörerisch wirken. Genau dann hören sie nämlich auf, allgemeines, d. h. alle Menschen – auch das Ich – einschließendes Wohlwollen bzw Mitleid zu sein.

Dabei sind sehr wohl Extremsituationen vorstellbar, in denen nur durch das dann notwendige Opfer des eigenen Lebens die Rettung anderer möglich wird. Daß dies ein moralisch über allen Zweifel erhabenes Verhalten ist, versteht sich von selbst.

Letztlich bedeutet das alles nichts anderes, als daß die Motivation unter das Gesetz des ethischen Handlungs-Prinzips gestellt werden muß. Damit führt die Überlegung zwangsläufig von der Motivation zum Prinzip ethischen Handelns weiter.

B. Das Prinzip

Wenn die Sozialarbeiterin ihren Beruf – um es mit den Worten von *W. Schulz* zu sagen – aus Mitleid, d. h. aus der „vorgreifenden Bereitschaft“ gewählt hat, „Leiden [soziale Not], wo auch immer und wie auch immer es auftritt, zu verhindern oder zu lindern“, so wird diese Motivation in ihrem Handeln zweifelsfrei zum Ausdruck kommen. Ebenso moralisch motiviert wäre auch ein Handeln, das gegen die soziale Not der Menschen aus Respekt vor ihrer menschlichen Würde (im Sinne *Kants*) angehen würde; und auch das müßte sich im Handeln zeigen. Wohlgemerkt: im Handeln gegenüber jedermann, auch gegenüber sich selbst; und hier noch genauer: auch gegenüber sich selbst als professioneller Helferin.

Nun geht es allerdings um die richtig bemessene Motivation, um ihre Kontrolle am ethischen Prinzip. Was bedeutet es also, sich selbst als Sozialarbeiterin zu respektieren bzw. mit sich selbst als Sozialarbeiterin – im rechten Maße – Mitleid (im Sinne von *W. Schulz*) zu haben bzw. wohlwollend gesonnen zu sein?

– Oft wird betont, daß die Sozialarbeiterin ihr Handeln so organisieren muuß, daß sie weder physischen noch psychischen Raubbau betreibt. Das ist sicherlich zutreffend – nur ist das eine ethische Pflicht gegenüber sich selbst, die für jeden Menschen gilt, unahängig vom ausgeübten Beruf. Im vorliegen-

den Fall ist also eine wichtige Ergänzung notwendig. Der Raubbau an den eigenen Kräften ist moralisch nicht nur falsch, weil er dem Menschen schadet, sondern auch, weil er der Sozialarbeiterin auf Dauer die Möglichkeit nimmt, Helferin zu sein. Allerdings nicht – das wäre schon zu weit gedacht – weil derartiger Raubbau der Hilfe für die Klienten abträglich ist, sondern weil er der Sozialarbeiterin selbst in ihrem Beruf als Helferin schadet. So ist sie – aus Verantwortung gegenüber sich selbst als professioneller Helferin – es sich schuldig, jeder unnötigen Dauer-Belastung und Überforderung, auch auf affektiver Ebene, vorzubeugen.

– Bereits während der Studien-, also Ausbildungszeit, aber selbstverständlich auch in der späteren beruflichen Praxis hat sie sich selbst als Helferin gegenüber die moralische Pflicht, die Anforderungen des Berufes allgemein sowie der speziellen Berufsfelder im Besonderen einerseits und ihre persönlichen physisch-psychischen Möglichkeiten andererseits abzuwägen und – so weit wie möglilch – ihre Wahl entsprechend zu treffen.

– Selbstverantwortlich gegenüber sich selbst als Sozialarbeiterin zu handeln, bedeutet weiterhin, die persönlich bestmögliche berufsspezifische Handlungskompetenz (Selbstkompetenz, Sachkompetenz und Sozialkompetenz) sich anzueignen, nicht zuletzt, um den Gefahren des Berufs – Resignation oder Zynismus – vorzubeugen. Das wird auf Dauer nur möglich sein, wenn es gelingt, das eigene helfende Handeln im Prinzip richtig zu beurteilen und zu bewerten. Das hoffende Vertrauen auf den Sinn und vielleicht auch Erfolg der eigenen Hilfsbemühungen liegt dabei – wieder einmal – in der „goldenen Mitte": zwischen abwegigem messianischem Sendungsbewußtsein in der Rolle der Weltretterin einerseits und sicherlich ebenso falscher Mißachtung der eigenen Hilfeleistung, deren ethischer Wert sich keineswegs nur am deutlich sichtbar werdenden Erfolg ablesen und bemessen läßt.

Was also ist das gesuchte *Prinzip*, das hinter all diesen Hinweisen – die sich fortsetzen ließen – bereits steht? Es läßt sich mit *Schopenhauers* Worten ebenso gut formulieren wie mit *Kants*:

„Verletze niemanden, sondern hilf allen, so weit du kannst"[119] – auch dir selber!
„Handle so, daß du die Menschheit, sowohl in deiner Person, als in der Person eines jeden anderen, jederzeit zugleich als Zweck, niemals bloß als Mittel brauchest."[120]

Es ist der ethische Appell an den Respekt für jedermann, bzw. an das Wohlwollen für jedermann und an das Mitleid mit jedermann: also auch für bzw. mit dem eigenen Ich.

---

[119] A. Schopenhauer: Preisschrift zur Grundlage der Moral, Werke VI, 177.

[120] I. Kant: Grundlegung zur Metaphysik der Sitten, Werke VII, 61.

Exkurs: Jüdisch-christliche Ethik

In der Ethik des jüdisch-christlichen Denkens gibt es ein merkwürdiges Gebot: *Du sollst deinen Nächsten lieben wie dich selbst!* Wenn im alttestamentlichen Text[121] der *‚Nächste'* nur den Angehörigen des eigenen, von Jahwe auserwähltenVolkes meint, so ist im Neuen Testament[122] der „Nächste" prinzipiell jeder andere. Das Gebot der Nächstenliebe ist universalisiert.

Im Text ist aber nicht nur von der Nächstenliebe, sondern auch von der Selbstliebe die Rede, die ja sogar Maß der Nächstenliebe sein soll. Aber liebt sich der Mensch wirklich immer, ist er mit sich und seinem Schicksal, mit seinen Fähigkeiten und Mängeln immer zufrieden? Hat *Kant* recht, wenn er sagt, daß die Selbstliebe nicht geboten werden kann, da sie eine Naturgegebenheit sei?[123] Ist die möglicherweise übertriebene Nächstenliebe, die sich in der professionellen Hilfe für den anderen verbraucht, nicht mitunter gerade die Flucht zum anderen aus – wenn auch nur unbewußt – mangelnder Selbstliebe? Müßten die Texte der Bibel nicht vielleicht sinngemäßer übersetzt werden mit: Du sollst deinen Nächsten lieben wie *du* dich selbst *lieben sollst*!

Wenn ja, so wäre die Selbstliebe als naturgegebenes Maß allerdings verloren, ihr Maß selbst als Frage aufgeworfen: Wie sehr soll man sich denn selbst lieben? Aber möglicherweise ist auch gar nicht so sehr ein bestimmtes Maß entscheidend als vielmehr die Proportionalität: Liebe dich selbst und jeden anderen wie dich! Liebe dich selbst nicht mehr, aber auch nicht weniger als die anderen!

Sich selbst lieben heißt nicht, in sich verliebt zu sein (Narzißmus), sondern sich selbst zu akzeptieren, mit sich selbst eins zu sein. Lieben – und zwar den Nächsten wie sich selbst – ist nur dem personalen Wesen möglich, das ein Selbstbewußtsein besitzt, das die anderen und sich selbst als Person erkennt und anerkennt.(So weit zur jüdisch-christlichen Ethik.)

Im Sinne der Kantischen Pflichtenethik ließe sich in diesem Zusammenhang von Pflichten gegen andere und Pflichten gegenüber sich selbst sprechen.[124] Das Burnout-Syndrom kann u.U. Indiz ei-

---

[121] Leviticus 19, 18.

[122] Markus 12, 29-31.

[123] s. I. Kant: Kritik der praktischen Vernunft, Werke VII, 149.

[124] s. I. Kant: Grundlegung zur Metaphysik der Sitten, Werke VII, 52.

nes Verhaltens sein, das – gemessen am Gebot der Eigenverantwortung für sich selbst – moralisch falsch ist, das Prinzip verletzt. Soziale Hilfe als Hilfe zur Selbsthilfe läuft Gefahr, unmoralisch zu sein, wo sich die professionelle Helferin selbst physisch und psychisch mißachtet. Wo die Grenze liegt, kann und muß die einzelne für sich selbst entscheiden.

Bislang galt der Blick der Sozialarbeiterin und ihrem Selbst, für das sie ethisch verantwortlich ist. Nun ist aber die einzelne Sozialarbeiterin/Sozialpädagogin immer auch zugleich mehr als das: Sie repräsentiert – wenngleich auf ihre ganz persönliche Art und Weise – einen ganzen Berufsstand.

Ethische Pflichten gegenüber dem Berufsstand als solchem, d. h. gegenüber der bloßen Vorstellung des – von den ihn Repräsentierenden – abstrahierten Berufsstandes, kann es allerdings nicht geben. In diesem Sinn ist die entsprechende Formulierung des deutschen Berufskodex irreführend. Wohl aber hat die einzelne Sozialarbeiterin als Angehörige und Repräsentantin ihres Berufsstandes die ethische Verpflichtung, ihren Stand und d. h. die Angehörigen dieses Standes nicht in Mißkredit zu bringen, ihnen rufmäßig nicht zu schaden, sondern vielmehr zu helfen, ihre Aufgaben effektiver zu erfüllen.

Unter die Eigenverantwortung für sich selbst fällt die ethische Verpflichtung, den Angehörigen des eigenen Berufsstandes nicht zu schaden, sondern so weit wie möglich zu helfen, nur insofern, als nicht so sehr die *anderen* Angehörigen des repräsentierten Berufsstandes im Blickpunkt stehen, sondern die ihn repräsentierende einzelne Sozialarbeiterin selbst, die es sich schuldet, sich in eben dieser Repräsentationsrolle nicht zu schaden.

Kann Repräsentation überhaupt ethisches Gewicht haben; inwiefern kann man sich denn als Repräsentantin eines bestimmten Berufsstandes selbst schaden? Sicherlich in dem Maße, wie sich im Denken der Klientel mit der Vorstellung des Berufsstandes eine bestimmte Erwartungshaltung verknüpft und die Erfüllung dieser Erwartung Bedingung der Möglichkeit eines Vertrauens seitens der Klienten ist, das jeder gedeihlichen Arbeit der Sozialarbeiterin mit den Klienten zugrunde liegen muß und förderlich ist. Erfüllt nämlich die einzelne Sozialarbeiterin als Repräsentantin ihres Berufsstandes jene (berechtigte) Erwartung nicht, die sich seitens der Klientel möglicherweise an die Angehörigen ihres Standes allgemein richtet, so schädigt sie sich selbst in ihrer Arbeit; sie vernichtet den für ihr professionelles Helfen höchst bedeutsamen Vertrauensbonus, den sie als Repräsentantin ihres Berufsstandes womöglich zunächst hat.

C. Das Ziel

Auch hier gilt es wieder, den gewählten Blickwinkel beizubehalten, nämlich den der Selbst-Verantwortung, d. h. der Verantwortung für sich selbst als Subjekt sozialer Hilfe. Die aus diesem Blickwinkel abschließende Frage heißt nicht: Was ist das Ziel des Helfens im Hinblick auf die Klienten? , sondern: Was sollte das Ziel für die Handelnde selbst als Helferin sein?

Die Antwort liegt nahe: Es kann nichts anderes sein als die Arbeit an sich selbst in dieser helfenden Funktion, das Bemühen um die Vervollkommnung der eigenen Hilfs-Fähigkeit, die Steigerung der beruflichen Kompetenz. Berufliche Weiterbildung einschließlich der Aneignung ethischen Wissens (!) wird damit zur ethischen Pflicht.

Als Fazit zu diesem ersten Teilaspekt einer Ethik helfender Berufe darf Folgendes festgehalten werden: Die Ethik des professionellen Selbsteinsatzes im Rahmen der Sozialarbeit ist zunächst auf das individuelle Selbst ausgerichtet. Als normative Ethik versucht sie daher – wie gezeigt – herauszufinden, was den Umgang der einzelnen Sozialarbeiterin mit sich selbst in ihrem beruflichen Engagement motivieren sollte, nach welchen Prinzipien sie ihren Einsatz unter ethischen Gesichtspunkten organisieren sollte und welches Ziel sie für sich selbst als sich in der sozialen Hilfe professionell Engagierende stellen sollte.

Dennoch hat diese Ethik des Selbst-Einsatzes ihre unbestreitbaren Konsequenzen sowohl auf der funktionalen Ebene der Kooperation mit Kolleginnen und Institutionen als auch auf der letztlich entscheidenden Zielebene der Hilfe für Klienten und Gesellschaft.

Die Sozialarbeiterin, die sich im helfenden Einsatz wohlwollend auch zu sich selbst verhält, entäußert sich weder altruistisch, instrumentalisiert sich weder völlig, noch handelt sie aus einem mehr oder weniger verborgenen Egoismus. Ihr Wohlwollen gegenüber sich selbst verhindert den frühzeitigen burn-out und ist daher nicht nur mit dem Wohlwollen gegenüber anderen (das sich ebenso in der Kooperation mit Kolleginnen, Angehörigen anderer Berufe und Institutionen bewährt wie es sich in der Hilfe für Klienten und

Gesellschaft manifestiert) voll vereinbar, sondern diesem – auf Dauer gesehen – weit dienlicher als ein blind-euphorisches Engagement, das die eigenen Kräfte übersteigt und in sein Gegenteil umzuschlagen droht.

5.2.2.4.2. Ethik der Kooperation: Subsidiarität

Die Komplexität der Handlungssituationen in den Berufsfeldern sozialer Arbeit zwingt in den weitaus meisten Fällen zu Team-Arbeit sowie zu interdisziplinärer Zusammenarbeit mit anderen Berufen (Psychologen, Juristen, Ärzten usw.). Die spezielle Organisationsform sozialer Hilfe verlangt weiterhin die Zusammenarbeit mit Vertretern von Institutionen, Ämtern und Anstellungsträgern. Dies alles sei hier zunächst zusammengefaßt unter dem Oberbegriff der Kooperation. Kooperation in diesem weiten Sinn kann also sehr unterschiedliche Formen annehmen und ist keineswegs nur als Prozeß zu verstehen, der innerhalb einer bestimmten Berufs-Gruppe abläuft.

Nun ist in der Theorie sozialer Arbeit auch noch von der Kooperation der Sozialarbeiterin mit ihren Klienten die Rede. Dazu ist zunächst festzustellen, daß der Begriff der Kooperation – beim Wort genommen – es zwar erlaubt, ihn auch in diesem Zusammenhang zu gebrauchen; nur muß man sich klar machen, daß er dann doch etwas völlig anderes meint. In der Kooperation mit Kollegen und anderen in der sozialen Hilfe beteiligten Berufen und Institutionen geht es um eine *Zusammenarbeit*, die durch *Koordination der Leistungen die* Hilfs-*Fähigkeit* eines „Teams“ optimiert, dessen Mitglieder als Helfende gewissermaßen auf einer Ebene stehen und sich *gemeinsam* in den Dienst der Hilfe stellen, die *anderen* zuteil werden soll. Kooperation mit Klienten bezieht dagegen gerade diese *anderen,* die das „Objekt“ kollegialer Kooperation sind, mit ein und gewinnt eben damit auch eine völlig andere Qualität, kann nicht Koordination und Optimierung der Hilfs*fähigkeit* bedeuten. Durch die *Mitarbeit* der Hilfsbedürftigen kann die für sie letztlich erzielte Hilfe verbessert werden. Kooperation meint hier, daß im Rahmen des Möglichen immer schon der Beitrag der Klienten, ihre (soweit noch oder schon vorhandene) Fähigkeit zur Selbsthilfe eingefordert wird. Dabei bleiben sie jedoch die Hilfsbedürftigen, so daß sie und die helfende Sozialarbeiterin in dieser Hinsicht gerade nicht auf ein und derselben Ebene stehen. Die verallgemeinernde Rede von der Kooperation auch mit den Klienten vereinfacht überdies in kaum zu vertretender Weise das Spektrum der Hilfsbedürftigkeit, die u.U. derartig ausgeprägt sein kann, daß von einem tatsächlich kooperativen, also aktiven Verhalten nicht mehr sinnvoll gesprochen werden kann.

So stellt sich denn die Frage, ob der wünschenswerten begrifflichen Klarheit halber nicht besser ein anderes Wort, z. B. „Mit-Arbeit“ gewählt werden sollte, um die aktive Einbeziehung der Klienten in den Hilfsprozeß einerseits und die „Zusammenarbeit“ der Sozialarbeiterin mit ihren Kolleginnen sowie anderen Hilfsberufen andererseits in ihrer jeweiligen Eigenheit besser zu würdigen und präziser zu erfassen. Es scheint sinnvoll, den Begriff der „Kooperation“ der kollegialen Zusammenarbeit aller Helfenden zu reservieren.

A. Die Motivation

Natürlich ist zum einen auch hier wieder das Wohlwollen gegenüber sich selbst als ethische Motivation im Spiel, denn es ist eine banale Erkenntnis, daß richtig verstandene und praktizierte Kooperation prinzipiell kräftesparend und vorteilhaft für alle Beteiligten ist. Zum anderen kommt aber selbstverständlich das Wohlwollen (bzw. Mitleid, im Sinne *W. Schulz's*) besonders gegenüber den Kolleginnen, aber durchaus auch gegenüber den Vertretern anderer Berufe hinzu, denen die Kooperation das berufliche Leben ebenfalls erleichtert.

Wandert der Blick sodann weiter auf das Ziel der Kooperation, so taucht als zusätzlich motivierender Impuls die Einsicht auf, daß das kooperierende Verhalten der angezielten Hilfe für Klientel und Gesellschaft sehr zugute kommt. Es wäre kurzsichtig, diese Einsicht und das ihr folgende Handeln als rein pragmatisch zu qualifizieren und ihnen jeden ethisch-motivierenden Wert abzusprechen. Vielmehr muß gesehen werden, daß über diese Einsicht das immer schon mitzudenkende Wohlwollen gegenüber Klienten und Gesellschaft eingreift, wie das ja auch in der Ethik des Selbst-Einsatzes der Fall ist. Es kann nicht stark genug betont werden: Die Ethik des Selbst-Einsatzes, die Ethik der Kooperation und die Ethik der Hilfe sind Teil-Aspekte ein und derselben Ethik helfenden Handelns. Sie greifen also in Wirklichkeit ineinander über und beeinflussen sich gegenseitig in kaum zu überschätzender Weise.

B. Das Prinzip

Wenn das Wohlwollen den Kolleginnen und dem eigenen Selbst gegenüber zur Kooperation bewegt, so steht dahinter nicht nur ein ganz bestimmtes Selbst-Verständnis, sondern sehr wohl auch ein Bild, das man sich von den *anderen* macht. Zu diesem Bild gehört als wesentliches Element, daß auch diese anderen ein Selbst-Verständnis von sich haben. Anders formuliert: man weiß sich und die anderen als *autonome Personen*. Und diese Autonomie – die eigene wie die der anderen – ist eine Bedingung authentischer Kooperation. *M. Deutsch* schreibt in diesem Sinne:

„Die Fähigkeit, sich für authentische Kooperation anzubieten und zu engagieren, setzt die Gewißheit voraus, daß man weder hilflos noch machtlos ist ... Nicht nur die unabhängige Handlung, sondern auch die kooperative Handlung erfordert die Erkenntnis, daß man die Fähigkeit besitzt, notfalls allein zu handeln. Solange man nicht die Freiheit der Wahl hat, nicht zu kooperieren, hat man nicht die freie Wahl zur Kooperation.“[125]

Aber nicht nur der beidseitige Besitz von Autonomie, auch die gegenseitige Anerkennung der Autonomie der jeweils anderen, d. h. ihre Anerkennung als Person ist (ethische) Voraussetzung von authentischer Kooperation. Anders formuliert: Kooperation kann nur in dem Maße stattfinden, wie die anderen nicht für die eigenen Ziele instrumentalisiert, sondern als vollwertige Partner in der gemeinsamen Anstrengung, ein bestimmtes Ziel zu erreichen, respektiert werden. Und dabei arbeitete die Erkenntnis mit, daß dieses Ziel durch Kooperation leichter oder besser realisierbar, ja vielleicht überhaupt nur so erreichbar ist.

Die Anerkennung derjenigen, mit denen man zusammenarbeitet, als autonome Personen ist allerdings nicht spezifisch für die Ethik der Kooperation, sie ist fundamental für jede Ethik. Das Gleiche gilt für die Verhaltensweisen der Höflichkeit, der Gerechtigkeit und des Vertrauens, die z. B. nach dem NASW-Berufskodex[126] den Kolleginnen und Kollegen entgegenzubringen sind. Worin liegt also das Spezifikum einer Ethik der Kooperation?

Blicken wir zunächst noch etwas näher auf das Phänomen „Kooperation“. Kooperation setzt bei den Handelnden zumindest par-

---

[125] M. Deutsch: Conflicts, productive and destructive, in: Journal of Social Issues, 1969, Nr. 1, 35-36.

[126] Absatz III, s. Anhang.

tielle Interessensgleichheit voraus. Zusammen, *gemeinsam* für ein Ziel sich einzusetzen, ist mehr, als an einem Projekt *mit*-zuarbeiten. Die Kooperierenden haben etwas gemeinsam, und insofern formen sie eine Gemeinschaft, genauer: eine Dienst-Gemeinschaft.

Kooperation bedeutet jedoch keineswegs, jedwede nötig werdende Handlung nur noch zusammen mit anderen durchzuführen. *Soviel Eigenständigkeit wie möglich, soviel Zusammenarbeit wie nötig* – also das Subsidiaritätsprinzip – ist Kern wahrer Kooperation, die auch vom Vertrauen in die anderen lebt. Eigenständigkeit, die man den anderen zubilligt, verlangt den Respekt vor der Autonomie der anderen; eigene Eigenständigkeit wird auch vom Wohlwollen für die anderen diktiert.

Um das Subsidiaritätsprinzip im Team anzuwenden, ohne daß das gemeinsame Ziel (z. B. die Hilfe) darunter leidet, ist die Abstimmung untereinander von höchster Bedeutung. Diese Abstimmung kann unterschiedlich strukturiert sein, kann durchaus neben Informationen, die Kolleginnen untereinander austauschen, Anweisungen von Personen einschließen, die leitende Funktionen bekleiden, wobei für authentische Kooperation letztlich wohl nur der demokratische Führungsstil[127] der geeignete ist.

Abstimmung und d. h. *Kommunikation* ist somit das eigentliche Rückgrat jeder Kooperation, und das Wesentliche einer Ethik der Kooperation muß neben der bereits angesprochenen Befolgung des Subsidiaritätsprinzips in der Art und Weise des kommunikativen Umgangs miteinander liegen. Hier scheint das Ethik-Modell *Karl-Otto Apels* von besonderem Interesse zu sein.

Exkurs: Die transzendentalpragmatische Ethik Karl-Otto Apels[128]

Karl-Otto Apel (1922–) verknüpft mit seinem Ethik-Entwurf Er-

---

[127] Unter „demokratischem Führungsstil" sollte allerdings nicht fatalerweise jene unsägliche Verfahrensweise verstanden werden, nach der alle zu allem etwas zu sagen können meinen und niemand die Kraft und Kompetenz hat, eine abschließende Entscheidung zu fällen. Demokratie meint in erster Linie Transparenz und Kontrollierbarkeit.

[128] Der Text dieses Exkurses zur Ethik K.-O. Apels entspricht weitgehend einem Abschnitt aus einer früheren Veröffentlichung: H. Baum: Impulse und Reaktionen, Kasseler Philosophische Schriften 14, 1985.

kenntnisse der Sprechakt-Theorie (u. a. Pragmatik) mit Kantischer Transzendental-Philosophie.[129]

Seine transzendental-pragmatische Letztbegründung ethischer Normen läßt sich in groben Schritten folgendermaßen rekonstruieren:

(1) Am Anfang steht die Feststellung, daß der Mensch stets sprach-fundamentiert, d. h. notwendig kommunikativ handelt:

---

129 Im Sinne der sogenannten „linguistischen Wende" in der Philosophie des 20. Jahrhunderts vom Paradigma der Bewußtseinsphilosophie zum Paradigma der Sprachphilosophie versteht Apel seine eigene transzendentalpragmatische Lösung als eine notwendig gewordene Ausweitung des transzendentalphilosophischen Ansatzes Kants auf die Sprache. Nach Apels anthropologisch-sprachphilosophischem Vorverständnis ist der Mensch wesentlich geprägt durch die immer schon realisierte Möglichkeit kommunikativen Handelns. Die transzendentalpragmatische Letztbegründung ethischer Normen geht dann von der Hypothese aus, daß eine Analyse der Bedingungen, die das menschliche Kommunizieren erst ermöglichen, den Nachweis erbringen könnte, daß zu diesen Bedingungen u. a. die Anerkennung bestimmter ethischer Grundnormen gehöre. Apels Letztbegründung ist also kein deduktives Verfahren, sondern besteht intentional im Aufweis eines nicht hintergehbaren „apriorischen Perfekts", nämlich der Tatsache, daß der Mensch immer schon notwendig ethische Normen anerkennt, weil er notwendig kommunikativ handelt.

Neben dem transzendental-methodischen Ansatz, den er von Kant übernimmt, stützt sich Apel auf gewisse Erkenntnisse der Linguistik und Sprachphilosophie:
1. auf den Pragmatik-Begriff von Ch.S. Peirce und C.W. Morris, durch den die Zeichen-Interpreten: Sprecher und Hörer oder allgemeiner: Sender und Empfänger thematisiert werden;
2. auf die „Verwobenheit von Erkenntnis, Sprachgebrauch und Lebenspraxis in quasi-institutionalisierten ‚Sprachspielen' oder ‚Lebensformen' wie sie der späte L. Wittgenstein analysiert hat" (Apel: Das Problem der philosophischen Letztbegründung im Licht einer transzendentalen Sprachpragmatik, in: G. Kadelbach und H. Krings: Ethische Diskurse, Frankfurt 1980, 297);
3. auf die Sprechakt-Theorie J.L. Austins und J.R. Searles, mit deren Hilfe die von Habermas so genannte performativ-propositionale Doppelstruktur der menschlichen Rede entdeckt wurde (s. Apel: Warum transzendentale Sprachpragmatik?, in: M. Baumgartner, Hg.: Prinzip Freiheit, München 1979, 17).

„Die Meta-Institution der Kommunikation ist von uns nicht begründet und nicht aufhebbar."[130]

Jedes menschliche Handeln setzt Kommunikation voraus:

„Alles menschliche Handeln – auch z. B. das zweckrationale und strategische Handeln, das allerdings dem verständigungsorientierten Handeln entgegengesetzt ist – (setzt) zu seinem Selbstverständnis das kommunikative Handeln (der symbolisch vermittelten Interaktion zwischen Personen) voraus."[131]

(2) Im Lichte der Doppelstruktur menschlicher Rede wird dabei deutlich, daß jede Form der Kommunikation als ein virtuelles Argumentieren interpretierbar ist:

„Alle sprachlichen Äußerungen und darüber hinaus alle sinnvollen Handlungen und leibhaften Expressionen von Menschen (sofern sie verbalisierbar sind) (können) als virtuelle Argumente aufgefaßt werden."[132]

(3) Nachdem damit der *pragmatische* Nachweis geliefert worden ist, daß sinnvolles menschliches Handeln immer ein zumindest virtuelles Argumentieren ist, stellt *Apel* die *transzendentale* Frage nach den Bedingungen der Möglichkeit dieses Argumentierens. Dabei geht er wiederum von der Doppelstruktur der menschlichen Rede aus:

„So setzt bereits jede Tatsachen-Aussage als eine solche, die logisch zu rechtfertigen ist, in der pragmatischen Tiefenstruktur eine performative Ergänzung voraus, wie etwa: ‚Ich behaupte hiermit gegen jeden möglichen Opponenten, daß . . ."[133]

Sprechen, Kommunizieren, sinnvolles Argumentieren implizieren also Geltungsansprüche, die sich „gegen jeden möglichen Opponenten", also an alle richten, die prinzipiell in der Lage sind, sinnvolles Argumentieren zu verstehen, d. h. an die prinzipiell unbegrenzte Gemeinschaft rationaler Wesen. *Apel* nennt sie die „ideale Argumentations- oder Kommunikationsgemeinschaft". An sie richtet sich jeder Geltungsanspruch der Argumentation – und d. h.: sie wird im Argumentieren notwendig vorausgesetzt als Bedingung der

---

[130] K.-O. Apel, Hg.: Sprachpragmatik uund Philosophie, Frankfurt 1976, 118.

[131] K.-O. Apel: Warum transzendentale Sprachpragmatik?, a.a.O., 35.

[132] K.-O. Apel: Transformation der Philosophie, Frankfurt 1976, II, 400.

[133] K.-O. Apel: Transformation der Philosophie, a.a.O., II, 401.

Möglichkeit *sinnvollen* Argumentierens, denn ein Argumentieren ohne Geltungsanspruch, ohne Anspruch auf Wahrheit im Sinne *intersubjektiver* Gültigkeit wäre sinnlos.

(4) Was aber bedeutet nun ihrerseits die im Kommunizieren, d. h. Argumentieren implizit vorausgesetzte Kommunikationsgemeinschaft? Die für *Apels* Letztbegründungsversuch ethischer Normen entscheidende Frage ist, ob das Funktionieren dieser idealen Kommunikationsgemeinschaft, das „transzendentale Sprachspiel", die Anerkennung ethischer Normen impliziert. Und *Apel* bejaht diese Frage eindeutig:

Es „zeigt sich, daß schon in der transzendentalpragmatischen Idee des ‚theoretischen Diskurses' der Verständigung über Sinn und Wahrheitsgeltungsansprüche auch eine Kommunikationsethik des ‚pragmatischen Diskurses' der Verständigung über moralische Geltungsansprüche vorausgesetzt ist. Kurz: Die Argumentationsgemeinschaft setzt eine Ethik der Kommunikationsgemeinschaft voraus."[134]

„Anders gesagt: Alle der sprachlichen Kommunikation fähigen Wesen müssen als Personen anerkannt werden, da sie in all ihren Handlungen und Äußerungen virtuelle Diskussionspartner sind und die unbegrenzte Rechtfertigung des Denkens auf keinen Diskussionspartner und auf keinen seiner virtuellen Diskussionsbeiträge verzichten kann."[135]

Apel gelangt damit zu einer immer schon anerkannten ethischen Grundnorm:

„Der substantielle Inhalt des Vernunftprinzips, das immer schon notwendigerweise in jedem Diskurs vorausgesetzt und insofern als notwendigerweise anzuerkennende Grundnorm der Ethik transzendentalreflexiv begründet werden kann, liegt in der nicht hintergehbaren Verpflichtung aller, die argumentieren, auf die Idee der ‚diskursiven Einlösbarkeit' aller normativen Geltungsansprüche nach Maßgabe der intersubjektiven Universalisierbarkeit der durch sie vertretenen Interessen."[136]

Kommunikation impliziert demzufolge ihrem eigenen inneren Wesen nach stets eine Selbstverpflichtung: die Bereitschaft, selbst erhobene normative Ansprüche gemeinsam mit anderen zu überden-

---

[134] K.-O. Apel: Sprechakttheorie uund transzendentale Sprachpragmatik zur Frage ethischer Normen, a.a.O., 43-44.

[135] K.-O. Apel: Transformation der Philosophie, a.a.O., I, 400

[136] K.-O. Apel: Sprechakttheorie und transzendentale Sprachpragmatik zur Frage ethischer Normen, a.a.O., 126.

ken und auf ihre Berechtigung zu überprüfen; wobei von vornherein eingeräumt wird, daß als berechtigt nur jene Ansprüche oder Interessen gelten sollen, die sich mit den Interessen der anderen in Einklang bringen lassen, die ihrerseits allerdings einer ebensolchen gemeinsamen Überprüfung zu unterwerfen sind.

Apel glaubt, damit sein Ziel erreicht, die *immer schon* im notwendigen und nicht hintergehbaren kommunikativen Argumentieren implizierte und daher ebenfalls notwendige Anerkennung der Verbindlichkeit ethischer Grundnormen nachgewiesen und so letztbegründet zu haben:

„Die Pointe philosophischer Letztbegründung liegt dann in dem reflexiven – transzendental-pragmatischen und nicht deduktiven – Argument, daß man weder für noch gegen die Regeln des transzendentalen Sprachspiels (d. h. der idealen Kommunikationsgemeinschaft und ihrer Ethik, H.B.) argumentieren oder sich praktisch entscheiden kann, ohne diese Regeln schon vorauszusetzen.“[137]

Apel nennt daher seine Letztbegründung eine „quasikartesische Radikalisierung der kantischen Fragestellung“[138], womit er auf die, im kartesischen[139] Sinne, Nicht-Hintergehbarkeit des argumentativen Diskurses und auf die, im Kantischen Sinne, Bedingungen seiner Möglichkeit anspielt.

Apel selbst betont den – ebenfalls durchaus im Kantischen Sinne des Wortes – *regulativen* Charakter seiner Diskursethik. Er ist Realist genug, um nicht die Diskrepanz zu übersehen, die nur allzu häufig zwischen der Scheinmoral real-empirischer Gespräche einerseits und der Ethik derselben Gespräche auf transzendental-pragmatischer Ebene besteht.[140] Die Diskursethik und ihre Grundnorm ist dann eine immer wieder sich erneut stellende Forderung, im Real-Diskurs sich diesem Ideal anzunähern.

Apels transzendentalpragmatische Letztbegründung ethischer Normen steht – wie jeder andere ethischer Entwurf auch – aus guten Gründen nicht unbestritten da. Nichtsdestoweniger rührt die von *Apel* erarbeitete Grundnorm sicherlich an den ethischen Kern

---

[137] K.-O. Apel: Das Problem der philosophischen Letztbegründung im Licht einer transzendentalen Sprachpragmatik, a.a.O., 318.

[138] K.-O. Apel: Warum transszendentale Sprachpragmatik?, a.a.O., 30.

[139] René Descartes (1596-1650) lehrte die erkenntnistheoretisch nicht mögliche Hintergehbarkeit des denkenden Ich.

[140] s. Apel: Transformation der Philosophie, a.a.O., 426-427 sowie 434-435.

jeder Kommunikation und damit auch jeder wesentlich auf Kommunikation angewiesenen Kooperation. (Soweit zu *Karl-Otto Apel.*)

Das kommunikations-ethische Prinzip der Kooperation verlangt damit folgende Einstellung: Entscheidungen über den Verlauf gemeinsamen Handelns müssen sich fairer Kritik stellen und – um es mit den Worten *Jürgen Habmeras's* zu sagen – nur der „zwanglose Zwang des besten Arguments" sollte den Ausschlag geben, wobei es sich allerdings in Wahrheit immer nur um das Argument handeln kann, das den Menschen jeweils – nach bestem Wissen und Gewissen – das beste Argument zu sein scheint.

Kooperation verlangt Absprache unter den auf sie mehr oder weniger Angewiesenen, was aber keineswegs ein falsches Demokratie-Verständnis impliziert, so als würde damit jede funktionale Hierarchie (Herrschaft) im Ansatz geleugnet. Vielmehr ist hier durchaus das gute Zusammenarbeiten unterschiedlicher Funktionsebenen ebenso eingeschlossen wie das Sich-Miteinander-Abstimmen und Verständigen von Team-Mitgliedern. Kooperation setzt geradezu die Bereitschaft zur Delegation von Entscheidungskompetenzen voraus, wenn sie nicht lähmend, restriktiv und kontraproduktiv wirken will. Mit anderen Worten: der Kern der Kooperations-Ethik sind die Prinzipien der Solidarität und Subsidiarität, die aber beide wiederum oft auf Kommunikation angewiesen sind, um praktiziert werden zu können.

Im Prinzip gilt das Gesagte auch für die Kooperation der Sozialarbeiterin mit den Vetretern anderer Berufe sowie mit Institutionen. Eben deswegen ergibt sich im Hinblick auf die Wahl des Anstellungsträgers eine spezifische ethische Problematik, die kurz erwähnt werden muß: Soziale Hilfe im modernen Staat verlangt Organisation, die – unabhängig vom Problem der Finanzierung – das Leistungsvermögen der einzelnen professionellen Helferin überfordern würde. Staatliche Stellen, freie Wohlfahrtsverbände und Kirchen leisten diese Arbeit und sind Anstellungsträger der einzelnen Sozialpädagoginnen und Sozialarbeiterinnen. Als solche vertreten sie aber auch immer schon ganz bestimmte (ethische) Normen, organisieren ihren Dienst also keineswegs wertneutral.

Professionelle Hilfe zu leisten verlangt in der Regel, sich in den funktionalen Dienst einer solchen Institution zu stellen, einen Arbeitsvertrag mit ihr einzugehen, der ethische Verpflichtungen mit sich bringt, die über die eines durchschnittlichen Vertrages hinausgehen, der selbstverständlich stets von beiden Seiten die Einhaltung des Vereinbarten verlangt. Auch Loyalität allein kennzeichnet noch nicht die spezifische Pflicht der professionellen Helferin gegenüber ihrem Anstellungsträger, denn auch sie ist von jedem Arbeitnehmer berechtigt zu verlangen.

Im Falle sozialer Arbeit geht es um die spezielle Loyalität gegenüber den Wertvorstellungen der jeweils anstellenden Institution, und sie bedeutet im Grunde, daß schon die Stellenwahl eine ethische Entscheidung bedeutet, wenn in der dann folgenden Alltagsarbeit weder die eigenen Werte und Normen noch die des Anstellungsträgers verletzt werden sollen. Diese geschuldete Loyalität verlangt vorab die Klärung des weltanschaulichen und ethischen Standpunkts des Anstellungsträgers, in dessen funktionalen Dienst zu treten die Sozialarbeiterin in Erwägung zieht. Der Rahmen, die Grundwerte müssen stimmen, d. h. mit den eigenen übereinstimmen.

C. Das Ziel

Die Antwort auf diese letzte Frage zur Ethik der Kooperation drängt sich förmlich auf. Dieses Ziel kann in nichts anderem liegen als in der Steigerung der *organisierten Hilfsfähigkeit* des Teams bzw. all jener, die eben im Rahmen sozialer Arbeit kooperieren. Der Blick geht sodann zwangsläufig weiter zur Ziel-Ebene der Hilfe für Klientel und Gesellschaft: Die Optimierung der Hilfsfähigkeit der Kooperierenden ist nicht Zweck an sich, sondern will und soll in der helfenden Praxis den Hilfsbedürftigen zugute kommen.

5.2.2.4.3. Ethik des Helfens: Solidarität

Mit der Ethik des Helfens gelangen wir zur Ziel-Ebene sozialer Arbeit; die Ethik des Selbsteinsatzes wie auch die Ethik der Kooperation waren dagegen das Fundament bzw. die Funktionsebene sozialer Arbeit.

Im Kontext der vorliegenden Abhandlung geht es nicht um ein beliebiges Helfen, nicht um Helfen allgemein, sondern um das professionelle soziale Helfen der Sozialarbeiterin und Sozialpädagogin. Sozialarbeit und Sozialpädagogik verstehen sich als helfende Berufe. In der „Welt" und im Umfeld der helfenden Berufe ist häufig das Wort *Thomas Chalmers's* von der „Hilfe zur Selbsthilfe" zu hören. Es ist ein griffiges, ein einprägsames Wort, aber auch ein Wort mit moralischem Pathos und von paradoxem Inhalt: Es läßt Engagement und Bindung einerseits und Freilassen, Distanzierung andererseits assoziieren: eben Hilfe, aber zur weiteren Selbsthilfe. „Hilfe zur Selbsthilfe“ ist nicht nur Slogan, es drückt auch etwas vom Selbstverständnis der helfenden Berufe aus; es ist ein Losungswort, ein Wort von programmatischem Gewicht für alle jene professionellen Tätigkeiten, die sich der „sozialen Hilfe“ unterordnen lassen.

Der bereits weiter oben zitierte § 2 des Bundessozialhilfegesetzes der Bundesrepublik Deutschland lautet bekanntlich:

„Aufgabe der Sozialhilfe ist es, dem Empfänger der Hilfe die Führung eines Lebens zu ermöglichen, das der Würde des Menschen entspricht. Die Hilfe soll ihn soweit wie möglich befähigen, unabhängig von ihr zu leben; hierbei muß er nach seinen Kräften mitwirken.“

Das heißt nichts anders, als daß Sozialhilfe im Prinzip nicht Selbstzweck ist, sondern das Ziel hat, sich selbst überflüssig zu machen, der Selbsthilfe zu weichen. Die öffentliche Hand beendet ihre soziale Hilfe dort, wo sie nicht mehr nötig ist, da der einzelne sich selbst weiterhelfen kann. – So lautet das auf den kleinsten Nenner, nämlich auf das Individuum, den einzelnen Menschen gebrachte Subsidiaritätsprinzip.

Was steckt dahinter? Nun, ganz pragmatisch betrachtet, zunächst sicherlich der Gedanke, daß der einzelne nicht zu Lasten der Gemeinschaft leben soll, wenn dies nicht nötig ist. Dann aber kommt ein anderer, m.E. wichtigerer Punkt noch hinzu: Der Respekt vor der Würde des Menschen, die ja im zitierten Text des Bundessozialhilfegesetzes ausdrücklich genannt wird. Dieser Respekt vor der Würde, d. h. vor der Freiheit, vor der Möglichkeit der Selbstbestimmung der Person verlangt nach einer Gestaltung von Hilfe, die diese selbst im Verlaufe der Zeit entbehrlich werden läßt. Soziale Hilfe, so verstanden, muß letztlich dem Hilfe-Empfänger die Chance geben, sich selbst zu bestimmen, sich selbst zu helfen (und keineswegs nur, um die Gesellschaft zu entlasten). Das Person-Prinzip (d.i. der Respekt vor der Würde des Menschen) ist somit der gedankliche Hintergrund, das Fundament des Subsidiaritätsprinzips, das in der sozialen Arbeit als „Hilfe zur Selbsthilfe“ Beachtung findet.

Sozialarbeiterin wie auch Sozialpädagogin leisten soziale Hilfe professionell. Ihre Ausbildung, ihr Studium vermitteln ihnen dasdazu nötige Wissen und Können, das es allerdings gilt, kritisch und fruchtbar im Alltag anzuwenden. Daß soziale Hilfe überhaupt professionell geleistet werden kann, wenn nicht gar muß, und nicht nur Frage des guten Willens ist, hat seine Bedingungen und Gründe. Professionalität ist nur dort möglich, wo es ein klar umrissenes Gebiet des Wissens und Könnens gibt, das seinerseits aber wiederum voraussetzt, daß es wiederkehrende Problemsituationen gibt. Das muß auch in der professionellen sozialen Hilfe so sein. Es muß weiterhin feststehende, gesicherte Fakten/ Hilfsmöglichkeiten (Methoden, gesetzliche Vorschriften, festgeschriebene Hilfssätze usw.) geben, die in bestimmten Problemfällen in Anspruch genommen werden können.

Professionalität zeigt sich in einem angemessenen Verhältnis der eingesetzten Mittel zum angepeilten Ziel, also im ökonomischen Umgang mit Ressourcen, aber auch in der Wahl der *richtigen* Mittel zum anvisierten Zweck.

Dabei ist Professionalität – gerade auch im Bereich sozialer Hilfe – keineswegs gleichbedeutend mit Gefühlskälte; vielmehr ist eine gehörige Portion Wohlwollen und Mitleid wichtige Voraussetzung.

A. Die Motivation

Die Beantwortung der Frage nach der Motivation scheint nun schon formale Routine zu sein: Wohlwollen bzw. Mitleid müssen auch auf der Zielebene sozialer Arbeit die motivierenden Kräfte sein. Sicherlich trifft das zu; aber die Angelegenheit wird doch wesentlich komplizierter durch das Doppelmandat der Sozialarbeit und seine Implikationen.

Das Wohlwollen, das die Sozialarbeiterin bewegt, sich professionell-helfend einzusetzen, muß ausbalanziert sein – darf sich nicht einseitig auf die Klienten *oder* die Gesellschaft richten. Theoretisch ist diese Balanze abgesichert: als Motivation ist ja das allgemeine Wohlwollen, das Wohlwollen gegenüber allen Menschen gefragt. In der Praxis wird dennoch der einzelne hilfsbedürftige Klient, mit dem man es zu tun hat, allemal ein stärkerer Stimulus und Appell an das Wohlwollen und Mitleid sein als die anonyme Masse der Gesellschaft; und das, obwohl er in Wahrheit doch auch Teil der Gesellschaft ist und sich nur durch seine Problemsituation hervorhebt.

Da die Forderung nichtsdestoweniger gültig bleibt, nicht nur einseitig das Interesse des Klienten zu verfolgen, bedeutet das für die Sozialarbeiterin, daß sie lernen muß, mit ihrer Motivation kritisch umzugehen. Die kritische Haltung gegenüber der eigenen Motivation wird damit konstitutives Element der helfenden Aktion und ihrer Ethik.

B. Das Prinzip

Professionelles Helfen – das soll gleich am Anfang betont werden – ist kein blinder Aktionismus, kein Intervernieren um jeden Preis und in jedem beliebigen Fall und Moment. Helfen – das ist zunächst eine Geistes-Haltung, eine Lebenseinstellung, die reflexiv, selbst-kritisch ist und praktisch werden soll.

Diese Reflexivität zeigt sich, wie schon gesagt, im kritischen Umgang mit der eigenen Motivation. Dabei sind objektive Rahmenvorgaben und subjektive Ausdeutung zu unterscheiden. Die aufgrund ihres Wohlwollens/Mitleids zum Helfen motivierte Sozialarbeiterin kann nicht beliebig helfend tätig werden. Es gibt gesetzliche Bestimmungen, die das Wirksamwerden der sozialen Hilfe von bestehenden Sachverhalten abhängig machen: Hilfsbedürftigkeit, die sich nach objektiven Kriterien überprüfen und feststellen läßt.

Auch der Arbeitsvertrag mit dem Anstellungsträger grenzt das Arbeitsfeld und damit den Interventionsbereich der Sozialarbeiterin ein. Kurz: ihre prinzipielle Hilfsmotivation hat objektive Gegebenheiten zu respektieren. Innerhalb dieser objektiv-vorgegebenen Grenzen aber liegt manches im Ermessen der Sozialarbeiterin, die Entscheidungen zu fällen hat und eben dabei das Wohl der Gesellschaft allgemein wie der Klienten im Besonderen abwägen muß.

„Solidarität" beschreibt treffend die Geisteshaltung, unter deren Kontrolle die Motivation zum Helfen gestellt sein muß. Solidarität schließt beide Seiten ein: die Klientel ebenso wie die Gesellschaft. Wo die Notlage und Hilfsbedürftigkeit der Klienten feststeht, wird diese Solidarität zum *entschlossenen und kompetenten Engagement* führen, um jene Not zu mildern oder zu beseitigen. Solidarität ist aber gerade nicht Komplizenschaft; und zwar weder mit der Gesellschaft noch mit der Klientel. Hilfsbedürftigkeit darf weder künstlich konstruiert werden noch darf sie dem Schein nach weiter aufrechterhalten werden, um dem vielleicht sympathischen Klienten einen Gefallen zu machen. Das hieße Partei zu ergreifen gegen die Gesellschaft. Hilfe vorzuenthalten, zu kürzen oder abzubrechen, wo sie möglich und nötig ist, begeht den gleichen Fehler in umgekehrter Richtung.

Die Ethik des Helfens fordert – bei sozialgerechter (solidarischer) Abwägung des Wohls des Klienten und der Gesellschaft – dem Klienten so viel Hilfe wie möglich und nötig zukommen zu lassen. Dabei ist nicht nur der Inhalt, die Quantität, sondern sehr wohl auch die Form, die Qualität der Hilfe bedeutsam. Unter der Qualität der Hilfe wird hier die Art und Weise des Umgangs mit dem Klienten verstanden.

Beides – Quantität und Qualität der Hilfe – steht unter dem Vorzeichen des Respekts der Menschenwürde. Oft ist die Behauptung zu hören, daß es der Sinn sozialer Hilfe sei, den Hilfsbedürftigen ein *menschenwürdiges* Dasein zu ermöglichen. Ein Satz, der übrigens nicht so im Text des Bundessozialhilfegesetzes steht und – so belassen – nicht ungefährlich ist; ein Satz, der auch zeigt, wie ungenau eine Umgangssprache – hier die deutsche – sein kann. Im Grunde meint der Satz etwas ganz anderes, als er besagt. Beim Wort genommen, würde er bedeuten, daß diejenigen Menschen, denen soziale Hilfe zuteil wird, ohne diese Hilfe ein Leben *ohne Menschenwürde* führen müßten, daß ihr Dasein nur dadurch ein menschenwürdiges wird, daß ihnen geholfen wird. Das ist selbstverständlich falsch! Ihre Menschenwürde besitzen sie ja gerade unabhängig von den konkreten Bedingungen, unter denen sie leben. Geholfen soll ihnen werden, weil sie Menschen sind und damit immer schon Menschenwürde besitzen. Wäre Menschenwürde abhängig von den Lebensumständen, so gäbe es in unserer Welt fraglos Menschen erster, zweiter, dritter ... Klasse.

Jener Satz des Gesetzestextes meint in Wahrheit, daß hilfsbedürftigen Menschen geholfen werden soll, so zu leben, wie sie es aufgrund ihrer Menschenwürde verdienen. Und das heißt eben: ohne unnötige Not und Elend, ohne unnötiges physisches oder psychisches Leid.

Auch im Umgang mit den Klienten muß es sich zeigen und ihnen bewußt werden, daß sie in ihrer menschlichen Würde anerkannt und nicht als Fall behandelt werden. Sozialarbeit ist in diesem Sinne immer Arbeit *mit* den Klienten. Ihre Mit-Arbeit ist – im Maße des Möglichen – einzufordern. Hilfe muß – um des Klienten willen – prinzipiell da enden, wo der Klient – in seinem Mitarbeiten – allein weitermachen kann. Das gilt wohlgemerkt nicht nur für die Hilfe insgesamt, das gilt auch schon für den einzelnen Schritt. Nur auf diese Weise gelingt dem Klienten letztendlich auch der entscheidende Schritt in die Selbständigkeit, zur Selbstbestimmung. Auch auf der Zielebene sozialer Hilfe greift somit das Prinzip der Subsidiarität, das – auf den kleinsten Nenner gebracht – die Selbständigkeit des Individuums, die Autonomie der Person befürwortet.

Wenn soziale Arbeit im Grunde stets zwischenmenschliche Begegnung ist und die Anerkennung der menschlichen Würde des Klienten verlangt, so kann Hilfe nicht darin bestehen, den Klienten nach dem Schema eines vorgefaßten Menschenbildes zu verformen – wie es der Sozialarbeiterin möglicherweise gefällt. Vielmehr schließen gelingende Sozialarbeit und Sozialpädagogik die hohe Kunst der Menschenführung ein, zu der wesentlich die Fähigkeit gehört, dem anderen zu helfen, seine ureigenen Möglichkeiten zu entdecken und zu (re-)aktivieren; darunter nicht zuletzt die Möglichkeit, Werte zu erkennen und anzuerkennen, worauf jede sinnvolle Lebensgestaltung angewiesen ist. Und auch diese Werte dürfen dem anderen nicht aufoktroiert werden; es müssen seine eigenen sein, die (wieder-)zu-entdecken ihm unter Umständen geholfen werden muß und die – von ihm entdeckt – von der Helfenden respektiert werden müssen, sofern sie nicht dem fundamentalen Wert der Menschenwürde widersprechen.

C. Das Ziel

Diese letzte Frage wird häufig mit der Behauptung beantwortet, daß es das Ziel sozialer Hilfe sei, sich selbst aufzuheben, überflüssig zu machen, bzw. den Klienten in die Selbständigkeit zu entlassen. Daran ist sicher viel Wahres, daran ist aber auch ein Körnchen Illusion. Soziale Hilfe – Sozialarbeit und Sozialpädagogik – ist in mancher Hinsicht Sisyphus-Arbeit, eine Tätigkeit, die einerseits nie ans Ziel kommt und andererseits doch immer schon am Ziel ist, so zumindest die Interpretation von Sisyphus-Arbeit durch *Albert Camus*, dessen Weltanschauung und Ethik an dieser Stelle Erwähnung verdient.

Exkurs: Die existentialistische Ethik Albert Camus'

Nietzsche war der Prophet des Nihilismus gewesen, und seine Philosophie mag dazu beigetragen haben, daß seine Prophezeiung sich wenige Jahre nach seinem Tod in tragischer Weise zu erfüllen begann. Die Sinnlosigkeit zweier Weltkriege und die „Größe" des arischen „Übermenschen" haben Nietzschesche Züge.

Der philosophischen Verarbeitung eben dieser historisch selbst erfahrenen Sinnlosigkeit verdankt sich das Aufkommen der Existenzphilosophie bzw. des Existentialismus. Diese Denkströmung hat die Jahrzehnte zwischen beiden Weltkriegen sowie die Zeit nach dem zweiten Weltkrieg dominiert. Einer ihrer französischen Repräsentanten ist *Albert Camus* (1913–1960). *Camus'* Weltanschauung steht unter dem Stichwort der Absurdität. Die Absurdität ist allerdings keine Eigenschaft der Welt; sie liegt vielmehr im unangemessenen Verhältnis und Verhalten des Menschen zur Welt.

In seinem 1942 – Camus *ist zu dieser Zeit aktiv in der Résistance – veröffentlichten Buch „Der Mythos des Sisyphus" beschreibt er das „Klima der Absurdität": Für den denkenden und handelnden Menschen ist die Welt möglicherweise immer mehr als eine reine Tatsachenwelt. Warum freut er sich denn an einer frisch aufgeblühten Rose, warum schätzt er das Gespräch mit Freunden? Das und vieles andere erklärt sich ja nicht durch die beobachtbaren Tatsachen. Der Mensch beobachtet nicht nur, er wertet auch unentwegt, spricht den Dingen, den Tatsachen eine Bedeutung zu, die er in ihnen zu erkennen glaubt oder die sie für ihn persönlich gewinnen. Die Werte und Bedeutungen, die hier gemeint sind, sind keine Gebrauchswerte, sind nicht funktional. Die Rosen im Garten und die Freunde sind keine Gebrauchsgüter, aber sie spielen eine Rolle im Menschenleben; eine Rolle, die sich gerade nicht erfassen läßt durch Beobachtung und Beschreibung. Die Ebene, auf der wir uns befinden, wenn wir sagen, daß wir gern mit Freunden zusammen sind oder gute Musik zu schätzen wissen, ist nicht die Ebene beobachtbarer Tatsachen, sondern die Ebene erstrebenswerter Güter, die Sinn-Ebene. Und hier – auf dieser Ebene – herrscht nach* Camus *das Klima der Absurdität. Der Mensch, der sich mit Tatsachen begnügt, erlebt Regen, Frost, Sonnenschein, Stürme und Glatteis. Der Mensch, der den Tatsachen auf den Grund geht und nach ihrem Sinn fragt, erlebt das Klima der Absurdität. Er erlebt dieses Klima in der „Welt des Geistes" ebenso gut wie in der „Welt der Lebenskunst" oder in der „Welt der Kunst". In irgendeinem Augenblick kann das Gefühl des Absurden zuschlagen und das bislang Vertraute einem fremd erscheinen, ohne Sinn, abweisend, leer und schal. Das gilt für vertraute Dinge und Personen, das gilt für eigene Gewohnheiten und Überzeugungen, für alles.*

Und hier angelangt, schließt sich der Kreis; der Mensch, den dieses Gefühl überfällt, ist am Ziel: Er ist sich bewußt, daß nicht nur einzelne Dinge, einzelne Lebensbereiche sinnlos sind. Es wird ihm klar, daß das Universum sinnlos ist. Die metaphysische Grundfrage: Warum und wozu gibt es überhaupt etwas und nicht nichts? beantwortet sich auf einmal ganz einfach. Daß es überhaupt etwas gibt und nicht nichts, das hat weder einen verborgenen Grund noch einen versteckten Sinn. Es steckt nichts dahinter. Es ist so, wie es ist – aus.

Camus's *Analyse der Absurdität endet hier nicht, wie vermutet werden könnte. Mit dem bisher Gesagten ist nur eine Seite der Absurdität beleuchtet. Ja mehr: das abschließende Urteil war voreilig, daß das Universum absurd sei. Das Urteil muß vorsichtiger, präziser ausfallen: Das Universum ist bloß nicht vernünftig – d. h. es entspricht nicht unseren Denkstrukturen, nach denen alles, was ist und geschieht, irgendeine Ursache, einen Grund haben muß und irgendetwas bewirkt, auf ein Ziel hinausläuft. Die Welt ist dagegen lediglich so wie sie ist, ein Faktum, eine Gegebenheit – ohne allen Grund und ohne alle Absicht, also gegen unsere Vernunftprinzipien, unvernünftig.*

Die Absurdität liegt nicht in der Welt, sondern im Verhältnis des Menschen zur Welt, im Mißverhältnis des vernünftig fragenden Menschen zum Schweigen der unvernünftigen Welt. Bei Camus *heißt das folgendermaßen:*

„An sich ist die Welt nicht vernünftig – das ist alles, was man von ihr sagen kann. Absurd aber ist die Gegenüberstellung des Irrationalen und des glühenden Verlangens nach Klarheit, das im tiefsten Inneren des Menschen laut wird. Das Absurde hängt ebensosehr vom Menschen ab wie von der Welt. Es ist zunächst das einzige Band zwischen ihnen."[141]

Oder, vielleicht etwas poetischer:

„Das Irrationale, das Heimweh des Menschen und das Absurde, das sich aus ihrem Zwiegespräch ergibt, sind die drei Figuren des Dramas, das notwendigerweise mit der ganzen Logik enden muß, deren eine Existenz fähig ist."[142]

Das Absurde liegt also im Zwiegespräch, d. h. im Widerspruch zwischen menschlicher Vernunft einerseits und unvernünftigem Universum andererseits. Das ist das erste. Im Text steht aber noch etwas anderes: Das Drama, das sich zwischen Mensch und Universum in ihrem absurden Verhältnis zueinander abspielt, hat seine eigene Logik – und diese Logik führt zu einem Schluß, den der Mensch – weil er ja vernünftig ist – ziehen muß und der von ihm alles abverlangt, wozu er überhaupt fähig ist. Anders formuliert: in diesem Drama stellt sich dem Menschen, der der Absurdität seiner Existenz in der Welt bewußt geworden ist, die alles entscheidende Frage: Wie muß ich darauf reagieren, wenn ich logisch, also konsequent, folgerichtig handeln will. Eine Alternative scheint nahezuliegen:

- *Gegen alle Hoffnungslosigkeit doch zu hoffen*
- *oder aber Selbstmord.*

Genau aus diesem Grunde lautet auch der erste Satz des „Mythos von Sisyphus":

„Es gibt nur ein wirklich ernstes philosophisches Problem: den Selbstmord."[143]

Camus *geht dieser Alternative nach und schließt zunächst die Hoffnung aus, die für ihn nur ein Ausweichen vor dem Absurden ist oder besser: eine Integra-*

---

[141] A. Camus: Der Mythos des Sisyphus, in: Albert Camus. Das Frühwerk, Düsseldorf 1967, 414.

[142] A. Camus: Der Mythos des Sisyphus, a.a.O., 421.

[143] A. Camus: Der Mythos des Sisyphus, a.a.O., 397.

tion des Absurden. Auf diese Weise söhnt man sich letztlich doch mit dem Universum aus und macht es sich – so gut man kann – im Universum häuslich bequem. Man verrät das eigene Bewußtsein, man erstickt in der Hoffnung das Wissen um die Hoffnungslosigkeit. Im Hoffen verrät der Mensch sein Wissen und damit seine Vernunft, die ihm das Wissen ermöglicht. Der Verzicht auf die eigene Vernunft hebt aber den Widerspruch zwischen menschlicher Vernunft und unvernünftigem Universum auf. Damit wird das Absurde verdrängt und das Leben in der Welt scheint akzeptabel.

So bleibt die zweite Möglichkeit: der Selbstmord? Aber auch das verneint Camus. *Im Selbstmord liegt eine versteckte Art von Zustimmung. Der Selbstmörder lehnt sich nicht auf, er revoltiert nicht – er resigniert, er findet sich ab. Auch das ist Verrat. Im Selbstmord endet ebenfalls der Gegensatz von menschlicher Vernunft und unvernünftigem Universum. Und mit dem Gegensatz endet das Absurde.*

Die Größe des Menschen aber, sein Triumph liegt nach Camus *gerade darin, das Absurde auszuhalten – ohne jede Hoffnung und ohne die Flucht in den Selbstmord. Bewußtsein des Absurden und durchgehaltene Auflehnung dagegen machen den Menschen groß:*

„Diese Auflehnung gibt dem Leben seinen Wert. Erstreckt sie sich über die ganze Dauer einer Existenz, so verleiht sie ihr ihre Größe. Für einen Menschen ohne Scheuklappen gibt es kein schöneres Schauspiel als die Intelligenz im Kampf mit einer ihr überlegenen Wirklichkeit. Das Schauspiel des menschlichen Stolzes ist unvergleichlich.“[144]

Repräsentativ für diesen Stolz steht die Gestalt des Sisyphus. Sie verkörpert den Stolz auf das eigene Durchhalten, den Stolz auf die eigene Stärke, das Absurde auszuhalten und ihm nicht zu entfliehen, ein Stolz, der sich auch beschreiben läßt als Verachtung des eigenen Schicksals, das gerade durch die Verachtung gemeistert wird. Der Verachtende stellt sich über das Verachtete. Ganz am Ende der Erzählung findet sich denn auch der Satz:

„Es gibt kein Schicksal, das durch Verachtung nicht überwunden werden kann.“[145]

Sisyphus rollt seinen Stein mit Stolz und Verachtung und hört dabei aus den Tiefen des Universums die

„tausend kleinen, höchst verwunderten Stimmen der Erde . . .“. „Unbewußte, heimliche Rufe, Aufforderungen aller Gesichter, bilden die unerläßliche Kehrseite und den Preis des Sieges.“[146]

Mit diesem Schlußgedanken leitet das Werk bereits ansatzweise auf die zen-

---

144 A. Camus: Der Mythos des Sisyphus, a.a.O., 448.
145 A. Camus: Der Mythos des Sisyphus, a.a.O., 517.
146 A. Camus: Der Mythos des Sisyphus, a.a.O., 518.

trale Botschaft des „Homme revolté" der Nachkriegszeit über: auf die Bedeutung des solidarischen Handelns.

Camus's Ethik ist eine Ethik solidarischen Handelns als einer Revolte gegen das Schicksal des Menschen, gegen jedwedes Leid. Eine Revolte, die keine Resignation zuläßt, aber auch keinen Zynismus. Beides aber – Resignation und Zynismus – sind die Skylla und Charybdis sozialer Arbeit. Es macht Sinn, als Sozialarbeiterin *Camus* zu lesen, auch wenn man seine Auffassung von der Absurdität menschlicher Existenz in der Welt nicht gänzlich teilt. (So weit zur Weltanschauung und Ethik *Albert Camus's.*)

Sozialarbeit als Sisyphus-Arbeit im Sinne *Camus's* zu begreifen, bedeutet nicht nur die Absage an Resignation und Zynismus; es ermöglicht auch eine wichtige, heilsame Ent-Täuschung: den Verzicht auf die Illusion, irgendwann einmal an ein endgültiges Ziel anlangen zu können, wo diese Arbeit enden, sich selbst erübrigen würde. Die schöne Rede von der Selbst-Aufhebung sozialer Arbeit als ihrem eigentlichen Ziel ist allenfalls im Hinblick auf einen bestimmten Klienten, also in einem sehr eingeschränkten Sinn angebracht. Weiter gefaßt, nämlich in dem Sinn, daß sie als gesellschaftliches Phänomen sich selbst eines Tages unnötig machen könnte, hat sie rein utopischen Charakter. Und, was tragischer ist, sie führt zu einem falschen Verständnis dessen, was soziale Arbeit ihrem Wesen nach auch ist: Sisyphus-Arbeit, wie *Camus* sie interpretiert, erreicht nie ein äußeres Ziel, auf das sie hinsteuert. Sie ist vielmehr immer schon am Ziel. Dieser Gedanke greift die klassisch-Aristotelische Unterscheidung menschlichen Tuns in „Herstellen" (Poiesis) und „Handeln" (Praxis) auf. In seiner „Nikomachischen Ethik" schreibt *Aristoteles* (384–322):

> „Das Veränderbare kann Gegenstand des Herstellens oder des Handelns sein. Handeln und Herstellen sind nicht dasselbe ... Ebenso sind voneinander verschieden der das Handeln bestimmende Gebrauch der Vernunft und der das Herstellen bestimmende Gebrauch der Vernunft. Keines von beiden ist im anderen enthalten, weil eben weder Handeln Herstellen noch Herstellen Handeln ist. Das Bauen (beispielsweise) ist ein praktisches Können, zu dem ein besonderer Vernunftgebrauch gehört, ein besonderes technisches Wissen und Können ... Technisches Wissen ist (letztlich) dasselbe wie der das Herstellen bestimmende Gebrauch der Verrnunft ... Herstellen und Handeln sind nicht dassselbe ... Das Herstellen hat ein äußeres Ziel, das Handeln nicht. Denn das gute Handeln ist selber Ziel."[147]

[147] Aristoteles: Nikomachische Ethik, Buch VI.

Soziale Arbeit ist beides. Sie versucht einerseits, die Selbständigkeit, die Fähigkeit ihrer Klienten zur Selbsthilfe (wieder) *herzustellen.* Sie ist andererseits immer auch ein *Handeln,* das – im Maße des Möglichen – den Klienten mit einbezieht und auch dadurch etwas verändert. Sie ist handelnde menschliche Beziehung, die als solche ihren Eigenwert hat und immer schon am Ziel ist.

Wenn soziale Hilfe wirklich „Hilfe zur Selbsthilfe" ist – obwohl es Illusion ist, anzunehmen, daß in allen Fällen sozialer Hilfe die geleistete Hilfe in Selbsthilfe übergehen könne – so kommt eben darin auch das hoffende Einbeziehen der wachsenden Fähigkeit des anderen zum Ausdruck, sein Problem selbst zu lösen. Allerdings scheint, wie an dieser Stelle mit Nachdruck gesagt werden soll, der so eingängige Slogan von der „Hilfe zur Selbsthilfe" insgesamt zu kurz zu greifen. Zwar ist sicherlich viel erreicht, wenn der Schritt von der Hilfe zum Stadium beginnender Selbsthilfe gelungen ist. Aber schon irgendwann während der Hilfsphase muß, wo immer dies möglich ist, demjenigen, dem geholfen wird, bewußt gemacht werden, daß auch er wieder eines Tages die Pflicht haben wird, anderen zu helfen, wenn ihm das möglich sein wird. Sozialhilfe ist so gesehen *'Hilfe zur Selbsthilfe zur Hilfe".* Darin liegt geradezu ein wesentlicher Teil der Hilfe, denn es zeigt, daß der Betroffene als Person ernst genommen und gerade nicht nur als Sozialfall abgestempelt wird. Man könnte es auch anders ausdrücken: Die Ethik des Helfens hat ihr Pendant in einer noch nicht geschriebenen Ethik des Hilfe-Annehmens, die Stufen durchläuft: Vom Sich-Helfen-Lassen und entgegenkommender Mitarbeit über das Sich-selbst-Weiter-Helfen zur Hilfsbereitschaft für andere.

Ziel der Hilfe sollte also die Entlastung, d. h. das Wohl der Gesellschaft einerseits, aber ebenso auch andererseits das Wohl des Klienten als vollgültiges Mitglied der Gesellschaft sein – was er aber nur in dem Maße ist, wie er – im Rahmen seiner Möglichkeiten – als Person selbständig ist und zugleich sich dem Allgemeinwohl verpflichtet weiß.

5.2.3. Die subjektiv-praktische Ebene einer Ethik professionellen Helfens

Über ethische Probleme läßt sich nachdenken und diskutieren; und beides ist bedeutsam. Letztlich aber ist es doch nur eine – wenngleich notwendige – Phase der Vorbereitung auf die praktische Umsetzung. Ethische Theorie will praxisrelevant sein.

Wenn die ethische Entscheidung in der Praxis gefragt ist, steht das handelnde Subjekt am Ende allein. Es kann noch so ausführlich mit anderen zusammen über die Gültigkeit von Normen nachgedacht haben – die abschließende Entscheidung für diese oder jene Handlung, für das Tun oder Unterlassen, für opportunistisches Mitmachen oder Sich-Verweigern bleibt seine Aufgabe, die es nicht an andere delegieren kann.

Für helfende Berufe ist es daher Pflicht und Beweis von Professionalität, sich um eine Ethik zu bemühen, von der man selbst überzeugt sein kann – wohl wissend, das dieses Bemühen lebenslang währt. Dieses persönliche Nachdenken – wenn es denn der Professionalität des Aufgabenbereichs gerecht werden will – kommt ohne Theorie nicht aus. Und die Theorie muß beide Ebenen erfassen, die auf den vorangehenden Seiten (5.2.1. und 5.2.2.) zur Sprache kamen: sowohl die Ebene der sozialen Relevanz von Sozialarbeit und ihrer ethische Bewertung als auch – und vor allem – die Ebene der beruflichen Praxis und ihrer ethischen Fragen. Daß es so ist, ist im Grunde eine zwingende Konsequenz des vielbeschworenen Doppelmandats sozialer Arbeit.

5.2.3.1. Schritte ethischer Entscheidungsfindung

Der Umgang mit angebotenen Theorien muß allerdings kritisch sein. Ernsthafte Kritik ist indes immer reflexiv: sie richtet sich auch gegen den jeweiligen eigenen Standpunkt des Kritikers, also im vorliegenden Zusammenhang gegen seine eigene Weltanschauung mit ihren impliziten Wertungen und gegen seine eigene Ethik.

Es gibt, anders formuliert, kein ethisches Rezeptbuch: weder ist es in der Buchhandlung käuflich zu erwerben noch kann es selbst hergestellt werden. Die Notwendigkeit des kritischen Nachdenkens bleibt. Systematisch bietet sich dabei folgende (immer wieder einzuübende) Vorgehensweise an:

1. Die eigene *Weltanschauung* – die sich ja im Laufe eines Lebens ändert – ist kritisch zu überprüfen.

2. Ein dieser überprüften persönlichen Weltanschauung entsprechender *ethischer Begründungstyp* ist zu beachten. Er ist keineswegs willkürlich wählbar, sondern ergibt sich aus der jeweiligen Weltanschauung.

3. Im Geiste der persönlich vertretenen Weltanschauung und des ihr gemäßen Begründungstyps sind die Fragen nach:

- der eigenen ethischen *Motivation*

- dem selbst bejahten ethischen *Prinzip* und
- dem selbst aufgestellten *Ziel* ethischen Handelns

konsequent und konsistent zu beantworten.

Eine im Problemfall - und auf den kommt es an - wirklich hilfreiche Ethik kann nur besitzen, wer sich eine eigene Weltanschauung *erarbeitet* hat, denn sie ist das Fundament.

Unterschiedliche ethische Überzeugungen verlangen im konkreten Problemfall die Beantwortung z. T. unterschiedlicher Fragen, um die das Handeln vorbereitende und begleitende Entscheidung zu ermöglichen.

Wählt man das fiktive Beispiel

- einer fachlich kompetenten Sozialarbeiterin,
- die nach kritischer Reflexion ihrer Weltanschauung
- eine Ethik universaler Solidarität befürwortet und deren Maßstäbe für ihr persönliches berufliches Handeln als verbindlich erachtet, so ergeben sich - auf zwei miteinander verknüpften Ebenen - eine Reihe von Leitfragen in folgender Reihenfolge:

1. Methodisch-sachliche Ebene:

Hier stellen sich Fragen, die mit methodisch-sachlichem Fachwissen beantwortet werden müssen, aber - insofern das nicht nur „nach bestem Wissen", sondern zugleich „nach bestem Wissen *und Gewissen*" zu geschehen hat - auch bereits ethisches Gewicht haben:

1.1. Worin besteht das Problem im Wesentlichen, zu dessen Lösung das eigene berufliche Helfen beitragen soll, und welche Ursachen erklären sein Zustandekommen?

1.2. Welche Problem-Lösungen sind prinzipiell theoretisch vorstellbar *und* praktisch umsetzbar?

Hier angekommen stellt sich die Frage nach der *besten* Lösung unter den praktikablen, also eine Wert-Frage. Sie kann aus unterschiedlichem Blickwinkel gestellt und beantwortet werden:

Für den Wirtschaftsfachmann beispielweise wird das Kosten-Nutzen-Verhältnis ausschlaggebend sein, um die „beste" Lösung zu definieren.
Die unter Erfolgszwang stehende Politikerin mag u.U. die schnelle Lösung für die beste halten.

Finanzierbarkeit, realistisch-angemessene Fristensetzungen usw. müssen natürlich auch die im Beruf ethisch handeln wollende Sozialarbeiterin interessieren. Aber in ihrer, d. h. berufsethischen Sicht geht es vorrangig um die betroffenen Menschen. Ihre *ethischen Wertfragen* muß sie im Sinne ihres persönlichen Ethik-Standpunktes – im angenommenen Beispiel also universal-solidarisch – beantworten:

2. (Berufs-)ethische Ebene:

2.1. Folgende Fragen sind relevant:

2.1.1. Welche der praktikablen Lösungsmöglichkeiten respektieren den Selbstwert (die menschliche Würde, die Selbstbestimmung) der Betroffenen? Nur sie kommen prinzipiell in Betracht.

2.1.2. Welche der praktikablen und den Selbstwert der Betroffenen respektierenden Lösungen hat
a) das größte Hilfspotential und
b) das kleinste Schadenspotential
im Hinblick auf alle Betroffenen?
Im Idealfall heißt das: Welche der Lösungen
a) hilft so weit wie möglich allen Betroffenen und
b) schadet niemandem?

2.2.Folgende Regeln haben dabei Geltung:

2.2.1. Es sind
a) sowohl die voraussehbaren (beabsichtigten wie auch nicht beabsichtigten) Folgen des Handelns als auch
b) die Wahl der dabei zum Einsatz kommenden Mittel
zu berücksichtigen.

2.2.2. Elementar (z. B. für das bloße Überleben) notwendige Hilfe hat stets Vorrang vor der Vermeidung eines im Verhältnis dazu nicht unbilligen Schadens, der dadurch Dritten entsteht.

Wenn Asylanten nur dadurch (vorübergehend) unterzubringen sind, daß ihnen Quartier geboten wird in einem Raum, der ansonsten oragnisierten Freizeitangeboten für Jugendliche zur Verfügung steht, so muß die Entscheidung zugunsten der Asylanten gefällt werden.

2.2.3. Hilfsmaßnahmen, die der Respekt vor dem Selbstwert der Betroffenen verlangt, haben höheren Rang als die Berücksichtigung von Sekundärinteressen (an Dienstwerten) anderer Betroffener:

Bei der Verplanung finanzieller Ressourcen geht z. B. die Beschaffung von Nahrungsmitteln und vernünftiger Kleidung für Bedürftige dem Kauf einer neuen Tischtennisplatte für ein Asylantenheim voraus.

2.2.4. Die Beantwortung dieser Fragen (unter Berücksichtigung der genannten Regeln) sollte in sinnvollem Maße *kooperativ* erfolgen und so weit wie möglich auch die Stellungnahmen derer einbeziehen, denen die Hilfe zuteil werden soll.

2.2.5 Die Letztentscheidung in ihrem Kompetenzbereich kann

der handelnden Sozialarbeiterin nicht abgenommen werden, das gilt selbst für ihre Zustimmung zu Mehrheitsbeschlüssen. Dieses fundamentale Recht abzusprechen bzw. dieser fundamentalen Pflicht selbst nicht nachzukommen, wäre ein Verstoß gegen eine Grundregel universal-solidarischer Ethik, eine Verletzung des personalen Selbstwerts.

5.2.3.2. Berufskodex und ethisches Handeln im sozialen Beruf

Den Text eines Berufskodex auswendig zu lernen, hilft herzlich wenig. Der Umgang mit ihm setzt vielmehr die persönliche Ethik bereits voraus und kann sie nicht ersetzen. Hinzu kommt aber noch ein weiteres Problem: Ein Berufskodex scheint – aus einer bestimmten Perspektive betrachtet – ein Zwitterwesen zu sein. Er steht dann mit einem Bein in der empirischen, mit dem anderen Bein in der normativen Ethik. Diese Problematik hat allerdings in Wahrheit ihren Ort lediglich im Bewußtsein derer, die den Berufskodex

1) als eine *Ist*-Beschreibung des Berufes verstehen, die

2) *für sie selbst* zur *Soll*-Vorgabe wird, die es im persönlichen Handeln zu erfüllen gilt. Sie sind gewissermaßen der Auffassung, daß sie nur dann und nur in dem Maße Sozialarbeiterin *sind*, wie es ihnen gelingt, den Normen des Berufskodex in der beruflichen Alltagspraxis gerecht zu werden. So als wäre der Berufskodex die Beschreibung der von jeder Sozialarbeiterin beruflich immer schon gelebten Praxis.

Der Berufskodex ist aber gerade keine Beschreibung tatsächlich stattfindender Praxis, sondern eine konventionierte Normen-Vorgabe.

Jene Bewußtseinsproblematik, die durchaus auch zu fachtheoretischen Diskussionen Anlaß gegeben hat und gibt, erklärt sich durch eine fehlende gedankliche Unterscheidung von

- Sozialarbeiterin *allgemein*
- *beruflich guter* Sozialarbeiterin und
- *moralisch gut handelnder* Sozialarbeiterin.

Zunächst dürfte die Behauptung unwidersprochen aufgestellt werden dürfen, daß es unter den Sozialarbeiterinnen fachlich gute und schlechte gibt – wie in jedem anderen Beruf auch: Es gibt gute und schlechte Bäcker, gute und schlechte Zahnärzte usw ... Die bestandene Lehre bzw. die erfolgreich abgeschlossene Ausbildung gibt einem das Recht, eine bestimmte Berufsbezeichnung zu führen. (Diplomierte) Sozialpädagogin/Sozialarbeiterin ist man nach bestandener Abschlußprüfung und praktischem Anerkennungsjahr. Wie kompetent man aber tatsächlich ist und wie *gut* man das erworbene theoretische Wissen, das berufliche know-how in der Praxis umzusetzen versteht, das ist von Sozialarbeiterin zu Sozialarbeiterin sicherlich verschieden. Und selbst ein und dieselbe Sozialarbeiterin kann sich beruflich steigern - oder abbauen.

Zu einer *beruflich guten* Sozialarbeiterin gehört fraglos:
- das aktualisierte technische Wissen ihres Berufes
- das Engagement zugunsten der Klienten
- die Fähigkeit und Bereitschaft, das eigene Können zu verbessern (Fortbildung),
- mit den eigenen Kräften haushalterisch umzugehen
- mit Kolleginnen und Institutionen zu kooperieren,
- der einfühlsame und respektvolle Umgang mit den Klienten (Empathie) sowie
- sicherlich auch Achtung und Höflichkeit, Gerechtigkeit usw. gegenüber den Kolleginnen, um nur einiges zu nennen.

Die Beachtung ethischer Normen scheint damit in der beruflichen Praxis notwendig einfließen zu müssen, um eine *beruflich gute* Sozialarbeiterin zu sein.

Nur - und das wird oft nicht klar genug gesehen - ist diese *beruflich gute* Sozialarbeiterin damit noch lange nicht auch schon in normativ-ethischer Sicht eine *moralisch gut handelnde.* Und zwar weder für einen objektiven Beobachter noch nach ihrem eigenen Urteil. Ausschlaggebend ist der normativ-ethische Standpunkt, von dem aus jeweils bewertet wird.

Zwei Beispiele mögen das belegen:
- Ein Utilitarist, der jene beruflich gute Sozialarbeiterin beobachtete, würde ihr beruflich gutes Handeln nur dann zugleich als ethisch gut beurteilen, wenn er feststellen könnte, daß es eine Vermehrung des Glücks der Handlungsbetroffenen bewirkt, was nicht unbedingt der Fall sein muß.
- Ein deontologisch argumentierender Ethiker müßte die wahre Motivation der Sozialarbeiterin kennen, um sein Urteil zu fällen, und dann könnte es sein, daß das Handeln der beruflich guten Sozialarbeiterin als ethisch schlecht beurteilt werden müßte.

Ebenso unterschiedlich würde - bei betreffendem persönlichem ethischen Standpunkt - auch das eigene innere Urteil der Sozialarbeiterin über sie selbst ausfallen.

Bei alledem sollte kein Mißverständnis aufksommen. Das Gesagte bedeutet nicht, daß man die ethische Qualität einer (beruflichen)

Handlung willkürlich bestimmen kann, je nachdem für welche Ethik man sich eben entscheidet.

Nein, dabei ist vielmehr immer mitzubedenken, daß es sich um einen persönlichen ethischen Standpunkt handelt, der auf dem Fundament einer reflektierten eigenen Weltanschauung erarbeitet worden sein muß. Und gerade da kann man nicht beliebig wählen, ohne sich selbst zu betrügen. Die kritische weltanschauliche Reflexion des Individuums führt zu Resultaten, die vielleicht verdrängt, aber nicht beliebig gestaltet werden können. Im *konsequenten* und damit jeder Willkür entzogenen Weiterdenken entfaltet sich eine persönliche Ethik, die es zu respektieren gilt und die dann auch Maßstab für das Urteil über die ethische Qualität (eigener) sozialer Arbeit ist und sein muß.

Aus der Sicht normativer Ethik kommt hinzu, daß jede persönliche Ethik am Anspruch der Universalisierbarkeit ihrer Normen zu messen ist, was letztlich nochmals zur Forderung zurückführt, daß zur Professionalität helfender Berufe die Begründbarkeit der persönlichen Ethik und mithin das theoretische Wissen, die kritische Auseinandersetzung mit ethischer Theorie unabdingbar gehört.

Literaturverzeichnis

Zitierte Autoren

Althusser, L.: Marxisme et humanisme, Paris 1964

Althusser, L.: Pour Marx, Paris 1965

Anzenbacher, A.: Einführung in die Ethik, Düsseldorf 1992

Anzenbacher, A.: Was ist Ethik? Eine fundamentalethische Skizze, Düsseldorf 1987

Apel, K.-O. (Hg.): Sprachpragmatik und Philosophie, Frankfurt 1976

Apel, K.-O./Böhler, D. (Hg.): Funkkolleg Praktische Philosophie/Ethik, Weinheim und Basel 1981

Apel, K.-O.: Diskurs und Verantwortung. Das Problem des Übergangs zur postkonventionellen Moral, Frankfurt 1990

Apel, K.-O.: Transformation der Philosophie, 2 Bde, Frankfurt 1976

Arendt; H.: Vita activa, Stuttgart 1956

Aristoteles: Nikomachische Ethik, übersetzt und herausgegeben von Gigon, O., München 1972

Aristoteles: Nikomachische Ethik, übersetzt und mit einem Nachwort von Dirlmeyer, F., Stuttgart 1969.

Baum, H.: Möglichkeiten und Grenzen der kommunikativen Ethik, in: ders.: Impulse und Reaktionen, Kasseler Philosophische Schriften 14, 1985

Baum, H.: Utilitarismus – eine praktikable Ethik?, in: Forum KFH NW, Nr. 7, 1993, 18-21

Baum, H.: Bannkreise des Tötens. Zur Kritik des utilitaristischen Standpunktes zum Schwangerschaftsabbruch, St. Augustin 1995

Baumgartner, M. (Hg.): Prinzip Freiheit, München 1979

Berufsverband der Sozialarbeiter, Sozialpädagogen, Heilpädagogen – Vereinigte Vertretung sozialpädagogischer Berufe e.V. (Hg.): Berufsbild der Sozialarbeiter, Sozialpädagogen, Heilpädagogen, Essen 1985

Birnbacher, D./Hoerster, N.: Texte zur Ethik, München, 2. Auflage 1978

Brack, R.: Konkret: Was hilft mir bei der Suche nach ethisch verantwortbaren Lösungen in schwierigen Situationen?, in: Sozialarbeit 4, 1986, 9-19

Bucher, A.: Ethik – eine Hinführung, Bonn 1988

Bund-Länder-Kommission für Bildungsplanung und Forschungsförderung und Bundesanstalt für Arbeit (Hg.): Studien-und Berufswahl. Entscheidungshilfe für Abiturienten und Absolventen der Fachoberschulen, Bad Honnef 1979

Bundesanstalt für Arbeit (Hg.): Berufe Aktuell, Nürnberg 1993

Campbell, A. V.: Nächstenliebe mit Maß. Helferberufe christlich gesehen, Göttingen 1986

Camus, A.: Das Frühwerk, Düsseldorf 1967

Deutscher Berufsverband der Sozialarbeiter und Sozialpädagogen e.V. (Hg.): Berufsbild Diplom-Sozialarbeiterinnen/Diplom-Sozialarbeiter/Diplom-Sozialpädagoginnen/Diplom-Sozialpädagogen, Essen 1988
Die Bibel, deutsche Ausgabe mit den Erläuterungen der Jerusalemer Bibel, Freiburg-Basel-Wien 1968
Egan, G.: Der fähige Helfer. Grundformen helfender Beziehung, Freiburg i. Br. 1979
Engels, F.: Anti-Dühring, in: Engels-Studienausgabe, Bd.1, Reinbek 1973
Frankena, W.K.: Analytische Ethik, 3. Aufl. München 1981
Furger, F.: Begründung des Sittlichen – ethische Strömungen der Gegenwart, Freiburg Schweiz 1975
Gehlen, A.: Anthropologische Forschung, Reinbek 1961
Gehlen, A.: Der Mensch. Seine Natur und seine Stellung in der Welt, Bonn 6. Aufl. 1958
Gehlen, A.: Moral und Hypermoral. Eine pluralistische Ethik, Bonn 1969
Gehlen, A.: Urmensch und Spätkultur, Bonn 2. Aufl. 1964
H. Harbach: Altruismus und Moral, Opladen 1992
Habermas, J.: Theorie des kommunikativen Handelns, 2 Bde, Frankfurt 1981
Habermas, J.: Zur Rekonstruktion des historischen Materialismus, Frankfurt 1976
Hare, R.M.: Die Sprache der Moral, Frankfurt 1983
Hare, R.M.: Freiheit und Vernunft, Frankfurt 1983
Herskovits, M.J.: Statement on Human Rights, in: American Anthropologist 49 (1947)
Höffe, O.: Lexikon der Ethik, München 2. Aufl. 1980
Jaspers, K.: Vom Ursprung und Ziel der Geschichte, Frankfurt-Hamburg 1955
Jonas, H.: Das Prinzip Verantwortung, Frankfurt 1979
Kadelbach, G./Krings, H. (Hg.): Ethische Diskurse, Frankfurt 1980
Kant, Immanuel: Werke, 12 Bde, Frankfurt 1968
Kluxen, W.: Ethik des Ethos, Freiburg – München 1974
Kohlberg, L.: Zur kognitiven Entwicklung des Kindes, Frankfurt 1974
Kuhse, H./Singer, P.: Muß dieses Kind am Leben bleiben? Das Problem schwerstgeschädigter Neugeborener, Erlangen 1993
Landshut und Mayer (Hg.): Karl Marx: Der historische Materialismus. Die Frühschriften, Leipzig 1932
Luckmann, Th.: Zwänge und Freiheiten im Wandel der Gesellschaftsstruktur, in: Gadamer, H.-G-/Vogler, P. (Hg.): Neue Anthropologie, 7 Bde, Stuttgart 1972, Bd.3, 168-198
Lévi-Strauss, C.: Strukturelle Anthropologie, Frankfurt 1967
MacIntyre, A.: Geschichte der Ethik im Überblick, Frankfurt 1991
Marx-Engels-Studienausgabe, vier Bände, Frankfurt 1966
Mill, J. St.: Der Utilitarismus, Stuttgart 1976
Müller, B./Thiersch, H. (Hg.): Gerechtigkeit und Selbstverwirklichung. Moralprobleme im sozialpädagogischen Handeln, Freiburg i.Br. 1990

Mueller, E.F./Thomas, A.: Einführung in die Sozialpsychologie, Göttingen - Toronto - Zürich 1974
Nietzsche, F.: Werke in sechs Bänden, München - Wien 1980
Pascal, B.: Pensées, Paris 1972
Pfürtner, St. u. a.: Ethik in der europäischen Geschichte I und II, Mainz 1988
Piaget, J.: Das moralische Urteil beim Kind, Frankfurt 1973
Pieper, A.: Einführung in die Ethik, Tübingen und Basel, 3. Aufl.1994
Rauschenbach, Th./Thiersch, H. (Hg.): Die herausgeforderte Moral. Lebensbewältigung in Erziehung und sozialer Arbeit, Bielefeld 1987
Rawls, J.: Eine Theorie der Gerechtigkeit, Frankfurt 1979
Rawls, J.: Gerechtigkeit als Fairness, Freiburg - München 1977
Riedel, M.: Norm und Werturteil. Grundprobleme der Ethik, Stuttgart 1979
Schmidbauer, W.: Biologie und Ideologie, Hamburg 1973
Schmidbauer, W.: Helfen als Beruf. Die Ware Nächstenliebe, Reinbek bei Hamburg, 3. Aufl.1984
Schopenhauer, A.: Werke in zehn Bänden, Zürich 1977
Schrey, H.-H.: Einführung in die Ethik, Darmstadt, 4. Aufl. 1991
Schulz, W.: Philosophie in der veränderten Welt, Pfullingen 1972
Singer, P.: Praktische Ethik, Stuttgart 1984
Steinvorth, U.: Klassische und moderne Ethik. Grundlinien einer materialen Moraltheorie, Reinbek bei Hamburg 1992
Stevenson, C.L.: Ethics and Language, New Haven 1944
Türk, H.J. u. a.: Wandlungen sozialer Hilfe. Zu einer gemeinsamen Theorie von Sozialarbeit und Sozialpädagogik, Düsseldorf 1976
Urmson, J.O.: The Emotive Theory of Language, 1968
Weber; M.: Die protestantische Ethik und der Geist des Kapitalismus, Hamburg, 3. Aufl. 1973

Klassische Texte in Auswahl

Platon (427-347): Der Staat
Aristoteles (384-322): Nikomachische Ethik
Epikur (341-270): Philosophie der Freude
Marcus Tullius Cicero (106-43): Vom pflichtgemäßen Handeln
Epiktet (50-138): Handbüchlein der Ethik
Aurelius Augustinus (354-430): Der freie Wille
Thomas Hobbes (1588-1679): Vom Menschen; Vom Bürger;
Benedictus de Spinoza (1632-1677): Ethik
David Hume (1711-1776): Untersuchung über die Prinzipien der Moral
Immanuel Kant (1724-1804): Grundlegung zur Metaphysik der Sitten; Kritik der praktischen Vernunft; Metaphysik der Sitten;
Arthur Schopenhauer (1788-1860): Preisschrift über die Freiheit des Willens; Preisschrift über die Grundlage der Moral

John Stuart Mill (1806-1873): Utilitarismus
Karl Marx (1818-1883): Ökonomisch-philosophische Manuskripte aus dem Jahre 1844
Friedrich Nietzsche (1844-1900): Jenseits von Gut und Böse; Zur Genealogie der Moral; Also sprach Zarathustra;
Sigmund Freud (1856-1939): Das Unbehagen in der Kultur
Henri Bergson (1859-1941): Die zwei Quellen der Moral und der Religion
Max Weber (1864-1920): Die protestantische Ethik uund der Geist des Kapitalismus; Politik als Beruf;
George E. Moore (1873-1958): Principia Ethica
Max Scheler (1874-1928): Der Formalismus in der Ethik und die materiale Wertethik. Neuer Versuch der Grundlegung eines ethischen Personalismus
Albert Schweitzer (1875-1965): Kultur und Ethik
Nikolai Hartmann (1882-1950): Ethik
Karl Jaspers (1883-1965): Über Bedingungen und Möglichkeiten eines neuen Humanismus
Ernst Bloch (1885-1977): Naturrecht und menschliche Würde
Theodor W. Adorno (1903-1969): Minima Moralia. Reflexionen aus dem beschädigten Leben
Arnold Gehlen (1904-1976): Moral und Hypermoral. Eine pluralistische Ethik

Ergänzende Literatur

Zu Kapitel 1

Auer, A.: Christsein im Beruf, Düsseldorf 1966
Kluxen, W.: Ethik und Ethos, Freiburg-München 1974
Magge, Hildegard u. a.: Arbeitsethik und Arbeitswirklichkeit, Frankfurt 1984
Maurer-Wengortz, M.: Berufsethos von Lehrern – Schwerpunkte und Dimensionen, Frankfurt 1994
Oelkers, J.: Professionsmoral oder pädagogisches Ethos? Eine historische Kritik, in Vierteljahresschrift für wissenschaftliche Pädagogik, 1986, Heft 4, 487-506

Zu Kapitel 2 und 3

Albert, H./Topitsch, E.: Werturteilsstreit, Darmstadt 1971
Alexander, R.D.: Evolution, Social Behavior, and Ethics, in: Callahan, D./Engelhardt, H.T. (eds): The Roots of Ethics. Science, Religion, and Values, New York-London 1981

Auer, A.: Autonome Moral und christlicher Glaube, Düsseldorf, 2. Aufl. 1984
Bender, W.: Ethische Urteilsbildung,Stuttgart 1988
Bittner, R.: Moralisches Gebot oder Autonomie, Freiburg-München 1983
Bucher, A.: Warum sollen wir gut sein? Zur Möglichkeit einer vernünftigen Letztbegründung sittlicher Normen, München 1984
Dawkins, R.: Das egoistische Gen, Berlin-Heidelberg-New York 1978
Dreier, W.: Sozialethik, Düsseldorf 1983
Eckensberger, L. (Hg.): Entwicklung des moralischen Urteils. Theorie, Methoden, Praxis, Saarbrücken 1978
Eckensberger, L. u. a. (Hg.): Ethische Norm und empirische Hypothese, Frankfurt 1993
Eibl-Eibesfeld, I.: Der vorprogrammierte Mensch. Das Ererbte als bestimmender Faktor im menschlichen Verhalten, Wien-München-Zürich 1973
Gil, Th.: Ethik, Stuttgart 1993
Ginters, R.: Typen ethischer Argumentation. Zur Begründung sittlicher Normen, Düsseldorf 1976
Habermas, J.: Erläuterungen zur Diskursethik, Frankfurt 1991
Habermas, J.: Moralbewußtsein und kommunikatives Handeln, Frankfurt 1983
Habermas, J.: Moralentwicklung und Ich-Identität, in: Zur Rekonstruktion des Historischen Materialismus, Frankfurt, 2. Aufl. 1978
Habermas, J.: Nachmetaphysisches Denken, Frankfurt 1988
Hastedt, H. u. a. (Hg.): Ethik. Ein Grundkurs, Reinbek 1994
Höffe, O.: Sittlich-politische Diskurse, Frankfurt 1981
Ilting, K.: Grundfragen der praktischen Philosophie, Frankfurt 1993
Imgang, B. u. a. (Hg.): Begründung von Ethik, Würzburg 1990
Jonas, H.: Das Prinzip Verantwortung. Versuch einer Ethik für die technologische Zivilisation, Frankfurt 1979
Kaiser, Ph./Peters, D. (Hg.): Evolutionstheorie und ethische Fragestellungen, Eichstätter Beiträge Nr. 2, 1981
Kaulbach, F.: Ethik und Metaethik. Darstellung und Kritik metaethischer Argumente, Darmstadt 1974
Kohlberg, L.: From is to ought. How to commit the natural fallacy and to get away with it in the study of moral development, in: Mischel, T. (ed): Cognitive development and epistemology, New York 1971
Korff, W.: Norm und Sittlichkeit, Mainz 1973
Kuhn, H.: Werte – eine Urgegebenheit, in: Gadamer, H.-G./Vogler, P. (Hg.): Neue Anthropologie, Bd. VII, Stuttgart 1974
Kutschera, F. von: Einführung in die Logik der Normen, Werte und Entscheidungen, Freiburg-München 1973
Lorenz, K.: Das sogenannte Böse, Wien 1963
Lorenzen, P./Schwemmer, O.: Konstruktive Logik, Ethik und Wissenschaftstheorie, Mannheim 1973
Lévi-Strauss, C.: Rasse und Geschichte, Frankfurt 1972

Malinovski, B.: Eine wissenschaftliche Theorie der Kultur, Frankfurt 1975
Nink, C.: Metaphysik des sittlich Guten, Frankfurt 1955
Oelmüller, W. (Hg.): Materialien zur Normendiskussion, 3 Bde, Paderborn 1978
Oelmüller, W. (Hg.): Normen und Geschichte, Paderborn 1971
Osowska, M.: Gesellschaft und Moral. Die historische und soziale Bedingtheit sittlicher Grundhaltungen, Düsseldorf 1972
Patzig, G.: Ethik ohne Metaphysik, Göttingen 1971
Piaget, J.: Einführung in die genetische Erkenntnistheorie, Frankfurt 1973
Pieper, A.: Pragmatische und ethische Normenbegründung, Freiburg-München 1979
Ricken, F.: Allgemeine Ethik, Stuttgart 1983
Riedel, M.: Rehabilitierung der praktischen Philosophie, 2 Bde, Freiburg i. Br. 1972/1974
Rippe, K.: Ethischer Relativismus, Paderborn 1993
Schelsky, H. (Hg.): Zur Theorie der Institutionen, Gütersloh, 2. Aufl. 1973
Schüller, B.: Der menschliche Mensch. Aufsätze zur Metaethik und zur Sprache der Moral, Düsseldorf 1982
Schüller, B.: Die Begründung sittlicher Urteile. Typen ethischer Argumentation in der katholischen Moraltheologie, Düsseldorf 1973
Schulez, W.: Grundprobleme der Ethik, Pfullingen. 2. Aufl. 1992
Spaemann, R.: Moralische Grundbegriffe, München, 4. Aufl. 1991
Stoeckle, B.: Grenzen der autonomen Moral, München 1974
Tugendhat, E.: Ethik und Politik, Frankfurt 1992
Vogel, Ch.: Vom Töten zum Mord. Das wirklich Böse in der Evolutionsgeschichte, München-Wien 1989
Wickeler, W./Seibt, U.: Das Prinzip Eigennutz. Ursachen und Konsequenzen sozialen Verhaltens, Hamburg 1977
Williams, B.: Der Begriff der Moral. Eine Einführung in die Ethik, Stuttgart 1978
Wolf, Jean C.: Ethik, Freiburg i.Br. 1995
Wolpert, W.: Der Mensch als Mittel und Zweck. Die Idee der Menschenwürde in normativer Ethik und Metaethik, Münster 1987

Zu Kapitel 4

Abel, G.: Nietzsche, Berlin 1984
Alpheus, K.: Kant und Scheler, Bonn 1981
Beck, L.W.: Kants „Kritik der praktischen Vernunft". Ein Kommentar, München 1974
Bittner, R./Cramer, K. (Hg.): Materialien zu Kants „Kritik der praktischen Vernunft", Frankfurt 1975
Boucsein, H.: John Stuart Mill und die Idee der Solidarität, Frankfurt 1983
Cohen, H.: Kants Begründung der Ethik, Berlin, 2. Aufl. 1910

Decher, F.: Wille zum Leben – Wille zur Macht. Eine Untersuchung zu Schopenhauer und Nietzsche, Amsterdam 1984
Deleuze, G.: Nietzsche. Ein Lesebuch, Paderborn 1979
Deutsche Gesellschaft für phänomenologische Forschung (Hg.): Husserl, Heidegger, Scheler in der Sicht neuer Quellen, Freiburg i.Br. 1978
Fink, E.: Nietzsches Philosophie, Stuttgart 6. Aufl. 1992
Fleischer,M.: Der „Sinn der Erde“ und die Entzauberung des Übermenschen, Darmstadt 1993
Gerhard, V.: Friedrich Nietzsche, München 1993
Grau, G.: Ideologie und Wille zur Macht. Zeitgenössische Betrachtungen über Nietzsche, Berlin 1984
Grau, G.: Kritik des absoluten Anspruchs. Nietzsche – Kierkegaard – Kant, Würzburg 1993
Hauer, P.: Leitbilder der Gerechtigkeit in den marktwirtschaftlichen Konzeptionen von Adam Smith, John Stuart Mill und Alfred Müller-Armock, Frankfurt 1991
Heidegger, M.: Nietzsche, Pfullingen 5. Aufl. 1989
Hengstenberg, H.: Grundlegung der Ethik, Würzburg 2. überarb. Aufl. 1989
Höffe, O. (Hg.): Einführung in die utilitaristische Ethik. Klassische und zeitgenössische Texte, München 1975
Höffe, O.: Ethik und Politik, Frankfurt 1979
Hoerster, N.: Utilitaristische Ethik und Verallgemeinerung, München 1971
Howald, E./Dempf, A./Litt, Th.: Geschichte der Ethik vom Altertum bis zum Beginn des 20. Jahrhunderts, München-Wien 1978
Jaspers, K.: Nietzsche. Einführung in das Verständnis seines Philosophierens, Berlin, Nachdruck der 4. Aufl. 1981
Kant, I.: s. Klassische Literatur zur Ethik
Kaufmann, P.: Gemüt und Gefühl als Kompliment der Vernunft, Frankfurt 1991
Kirchhoff, J.: Nietzsche, Hitler und die Deutschen, Berlin 1990
Köhl, H.: Kants Gesinnungs-Ethik, Berlin 1990
Kuhn, E.: Fredrich Nietzsches Philosophie des europäischen Nihilismus, Berlin 1992
Löwith, K.: Nietzsches Philosophie der ewigen Wiederkehr des Gleichen, Hamburg 4. Aufl. 1986
Messer, A.: Kants Ethik, Leipzig 1904
Mill, J. St.: s. klassische Literatur zur Ethik
Nietzsche, F.: s. klassische Literatur zur Ethik
Oelmüller, W. (Hg.): Transzendentalphilosophische Normenbegründungen, Paderborn 1978
Oelmüller,W. (Hg.): Philosophische Arbeitsbücher 2, Paderborn 1978
Orth, E. u. a. (Hg.): Studien zur Philosophie von Max Scheler, Freiburg i.Br. 1994
Penzo, G.: Der Mythos vom Übermenschen, Frankfurt 1992

Pieper, A. (Hg.): Geschichte der neueren Ethik, 2 Bde, Tübingen und Basel 1992
Rutishauser, B.: Max Schelers Phänomenologie des Fühlens, Tübingen 1969
Scheler, M.: s. klassische Literatur zur Ethik
Schilling, K.: Geschichte der sozialen Ideen. Individuum, Gemeinschaft, Gesellschaft, Stuttgart, 2. Aufl. 1966
Schneider, U.: Grundzüge einer Philosophie des Glücks bei Nietzsche, Berlin 1983
Schumacher, R.: John Stuart Mill, Frankfurt 1994
Schweppenhäuser, G.: Nietzsches Überwindung der Moral, Würzburg 1988
Stegmaier, W.: Nietz'sches „Genealogie der Moral", Darmstadt 1994
Ströker, E.: Phänomenologische Studien, Frankfurt 1987
Tongeren, P.J. von: Die Moral von Nietzsches Moralkritik, Bonn 1989
Vucht Tijssen, L. von: Auf dem Wege zur Relativierung der Vernunft, Berlin 1989
Wolf, J.-C.: John Stuart Mills „Utilitarismus". Ein Kritischer Kommentar, Tübingen-München 1992

Zu Kapitel 5

Baruzzi, A.: Die Zukunft der Freiheit, Darmstadt 1993
Bernfeld, S. : Sisyphos oder die Grenzen der Erziehung, Frankfurt 1971
Bierhoff, H.W./Montada (Hg.): Altruismus. Bedingungen der Hilfsbereitschaft, Göttingen-Toronto-Zürich 1988
Bittner, R.: Moralisches Gebot oder Autonomie, Freiburg i.Br. 1983
Blinkert, B. u. a.: Berufskrisen in der Sozialarbeit, Weinheim 1976
Brumlik, M.: Advokatorische Ethik. Zur Legitimation pädagogischer Begriffe, Kritische Texte 1992
Brunkhorst, H./Otto, H.U.: Soziale Arbeit als gerechte Praxis, in: Neue Praxis 1989
Dorschel, A. von u. a. (Hg.): Transzendentalpragmatik, Frankfurt 1986
Ebeling, H./Lütkehaus, L. (Hg.): Schopenhauer und Marx. Philosophie des Elends - Elend der Philosophie? Königstein /Ts 1980
Eckhardt, A.: Im Krieg mit dem Körper. Autoaggression als Krankheit, Reinbek 1995
Engin-Deniz, E.: Vergleich des Utilitarismus mit der Theorie der Gerechtigkeit von John Rawls, Salzburg 1991
Engler, B.: Personality Theories. An Introduction, Boston 1979
Feinberg, J.: The Moral Limits of the Criminal Law, Bd 3: Harm to Self, New York-London 1986
Fetscher, I.: Karl Marx und der Marxismus. Von der Philosophie des Proletariats zur proletarischen Weltanschauung, München 1967
Gildemeister, R.: Als Helfer überleben. Beruf und Identität in der Sozialarbeit/Sozialpädagogik, Neuwied 1983

Goertner, W.: Einige Theorien der Verteilungsgerechtigkeit im Vergleich, St. Gallen 1984
Habermas, J.: Moralbewußtsein und kommunikatives Handeln, Frankfurt 1983
Hondrich, K./Koch-Anzenberger, C.: Gesellschaftliche Solidarität heute, Frankfurt 1992
Hösle, V.: Die Krise der Gegenwart und die Verantwortung der Philosophie, München 1990
Horkheimer, M.: Kritische Theorie der Gesellschaft, Frankfurt 1968
Kersting, W.: John Rawls zur Einführung, Hamburg 1993
Korfmacher, W.: Schopenhauer zur Einführung, Hamburg 1995
Kuhlmann, W./Böhler, D. (Hg.): Kommunikation und Reflexion, Frankfurt 1982
Kuhlmann, W. (Hg.): Moralität und Sittlichkeit. Das Problem Hegels und der Diskursethik, Frankfurt 1986
Küng, H.: Christ sein, München 1974
Löwen, W.: Die Solidargesellschaft, Hannover 2. Aufl. 1977
Luhmann, N.: Formen des Helfens im Wandel gesellschaftlicher Bedingungen, in: Otto, H.-K./Schneider, S. (Hg.): Gesellschaftliche Perspektiven der Sozialarbeit, Neuwied 1973
Manz, H. g. von: Fairness und Vernunftrecht, Hildesheim 1992
Müller, B./Thiersch, H. (Hg.): Gerechtigkeit und Selbstverwirklichung. Moralprobleme im sozialpädagogischen Handeln, Freiburg i. Br. 1990
Müller, C.W.: Wie helfen zum Beruf wurde, Weinheim-Basel 1988
Müller, S. u. a. (Hg.): Sozialarbeit als kommunale Sozialpolitik, Neue Praxis, Sonderheft 6, 1981
Pieper, R.: Die neue Sozialphysik. Zur Mechanik der Solidarität, Frankfurt 1989
Pieper, St. U.: Subsidiarität, Köln 1994
Pines, A.A. u. a.: Ausgebrannt, Stuttgart, 3. Aufl. 1987
Pogge, Th. W.: John Rawls, München 1994
Rath, M.: Alber Camus: Absurdität und Revolte, Frankfurt 1984
Rawls, J.: Gerechtigkeit als Fairness, Freiburg-München 1977
Reese-Schäfer, W.: Karl-Otto Apel zur Einführung, Hamburg 1990
Richter, H.E.: Lernziel Solidarität, Reinbek 1974
Schings, H.J.: Der mitleidigste Mensch ist der beste Mensch. Poetik des Mitleids von Lessing bis Büchner, München 1980
Schlette, H.R.: Albert Camus: Welt und Revolte, Freiburg i.Br. 1980
Skinner, B.F.: The Ethics of Helping People, in: Wispé, L. (ed.): Altruism, Sympathy, and Helping. Psychological and Sociological Principles, New York 1978
Tesak-Gutmannsbauer, G.: Der „Wille zum Sinn“, Hamburg 1993
Thesing, J./Weigelt, K.: Entwicklung und Subsidiarität, Melle 1986
Türk, H.-J.: Ethische Probleme des sozialen Handelns, in: Ders. (Hg): Wandlungen sozialer Hilfe, Düsseldorf 1976

Vega, R. de la/Sandkühler, H.J. (Hg.): Marxismus und Ethik, Frankfurt 1974
Wegner, B.: Subsidiarität und „Neue Subsidiarität“ in der Sozialpolitik und Wohnungspolitik, Köln 1989
Weimer, W.: Schopenhauer, Darmstadt 1982
Wellmer, A.: Ethik und Dialog, Frankfurt 1986
Wendland, H.-D.: Ethik des Neuen Testaments. Eine Einführung, Göttingen 1970

Anhang

1. Text der Berufsordnung des DBS

Deutscher Berufsverband der Sozialarbeiter und Sozialpädagogen e.V.

Berufsordnung

Nach dem vom DBS am 2. 11. 1973 beschlossenen Berufsbild muß der Sozialarbeiter/Sozialpädagoge seine Einstellung und sein Handeln sowie deren Auswirkung ständig kritisch überprüfen.
Zur Verwirklichung dieser Verpflichtung geben sich die Mitglieder des DBS folgende Berufsordnung:

Allgemeines:

Sozialarbeit/Sozialpädagogik ist eine Form beruflichen sozialen Handelns mit gesellschaftlichem Bezug.

Sozialarbeit/Sozialpädagogik wird in verschiedenen Arbeitsfeldern geleistet. Gemeinsame Aufgaben sind:
- Hilfe zu geben zur Gestaltung sozialer Beziehungen oder Wiederherstellung gestörter Beziehungen.
- Hilfe zu geben zum Erkennen und Bewältigen von Problemen und Konflikten.
- Hilfe zu geben zur Erziehung und Bildung.

Diese Aufgaben sind unter Berücksichtigung folgender Grundsätze wahrzunehmen:
- Achtung der Eigenständigkeit und Selbstbestimmung von Klienten (Einzelner, Gruppen, Gemeinwesen) und Auszubildenden
- Berufliche Beziehung auf partnerschaftlicher Basis.
- Schutz des durch die Arbeit begründeten Vertrauensverhältnisses durch Verschwiegenheit.

Berufliche Sozialarbeit/Sozialpädagogik erfordert fachliche Qualifikation, die durch ein Studium der Sozialarbeit/Sozialpädagogik erworben wird und durch Praxisberatung (Supervision) und Fortbildung zu erhalten ist.

Der Schutz des Klienten fordert die Verpflichtung des Sozialarbeiters/Sozialpädagogen auf diese Berufsordnung.

1. Verhalten gegenüber dem Klienten und der Gesellschaft

1.1. Der Sozialarbeiter/Sozialpädagoge muß sich über gesellschaftliche Verhältnisse und ihre Wandlungen informieren und darauf sein Handeln einstellen. Er muß bestrebt sein, im Sinne freiheitlich-demokratischer Grundordnung an der Gestaltung gesellschaftlicher Bedingungen mitzuwirken.

1.2. Der Sozialarbeiter/Sozialpädagoge übt seinen Beruf in Achtung der Menschenwürde aus und tritt für soziale Gerechtigkeit ein. Er steht im Spannungsfeld zwischen den Interessen des Klienten und den Belangen der Gesellschaft, die er gegeneinander abzuwägen hat.

1.3. Der Sozialarbeiter/Sozialpädagoge arbeitet auf partnerschaftlicher Basis unter Achtung der Persönlichkeit, Entscheidungsfreiheit und Selbstbestimmung des Klienten.

1.3.1. Dem Klienten ist die Arbeitsweise verständlich zu machen, er ist an den Arbeitsvorgängen im Rahmen seiner Möglichkeiten zu beteiligen.

1.3.2. Der Sozialarbeiter/Sozialpädagoge arbeitet mit jedem Klienten ohne Ansehen der Person zusammen, es sei denn, daß ein gegenseitiges Vertrauen nicht begründet werden kann oder entfallen ist.

1.4. Der Sozialarbeiter/Sozialpädagoge sammelt und verwendet nur die für die Hilfeleistung erforderlichen Fakten. Müssen Auskünfte von Dritten eingeholt werden, ist der Klient hierüber grundsätzlich vorher zu unterrichten.

1.5. Was der Sozialarbeiter/Sozialpädagoge auf Grund des persönlichen Vertrauensverhältnisses vom Klienten und über ihn erfährt, unterliegt der Geheimhaltung. Von dieser Verpflichtung kann der Sozialarbeiter/Sozialpädagoge nur durch den Klienten entbunden werden.

1.5.1. Ist der Sozialarbeiter/Sozialpädagoge in Ausübung seiner beruflichen Tätigkeit zur Berichterstattung verpflichtet, hat er zuvor den Klienten hierüber zu informieren und nur das in seinem Bericht zu verwerten, was zur Klärung der Sachfrage erforderlich ist.

1.6. Die durch die Hilfsbedürftigkeit gegebene Abhängigkeit darf vom Sozialarbeiter/Sozialpädagogen nicht mißbraucht werden. Er muß dazu beitragen, Abhängigkeit zu überwinden.

1.7. Der Sozialarbeiter/Sozialpädagoge akzeptiert das Recht des Klienten auf eigene Lebensanschauung.

1.8. In der Arbeit mit dem Klienten bedient sich der Sozialarbeiter/Sozialpädagoge berufsspezifischer Methoden.

1.8.1. Wenn der Sozialarbeiter/Sozialpädagoge mit seinen Mitteln dem Klienten nicht ausreichend helfen kann, ist er verpflichtet, ihn auf andere Hilfemöglichkeiten hinzuweisen und diese für ihn zu erschließen.

2. Verhalten gegenüber dem Anstellungsträger

2.1. Der Sozialarbeiter/Sozialpädagoge soll vor Eingehen eines Arbeitsverhältnisses den Anstellungsträger über die Grundsätze und Methoden seiner Arbeit informieren. Er soll sich über die Zielsetzung des Anstellungsträgers orientieren.

2.2. Der Sozialarbeiter/Sozialpädagoge informiert seinen Arbeitgeber über seine Arbeitsweise und gibt Kenntnis von Zuständen und Vorgängen, die einer Änderung bzw. einer Weiterentwicklung bedürfen.

2.3. Der Sozialarbeiter/Sozialpädagoge vertritt die Belange der Klienten auch dem Anstellungsträger gegenüber und achtet darauf, daß der Ermessensspielraum im Interesse der Klienten ausgeschöpft wird.

2.4. Fakten, die dem Sozialarbeiter/Sozialpädagogen in Ausübung seiner beruflichen Tätigkeit über seine Klienten bekannt werden, teilt er dem Anstellungsträger mit soweit es zur Klärung der Sachfragen erforderlich ist. Der Klient ist in der Regel vorher zu orientieren.

3. Verhalten gegenüber Berufskollegen und anderen Fachkräften

3.1. Der Sozialarbeiter/Sozialpädagoge ist gegenüber anderen Sozialarbeitern/Sozialpädagogen zu kollegialem Verhalten verpflichtet.

3.1.1. Der Sozialarbeiter/Sozialpädagoge verpflichtet sich grundsätzlich zur kollegialen Anleitung von Praktikanten und Berufsanfängern.

3.2. Der Sozialarbeiter/Sozialpädagoge muß zur Zusammenarbeit mit Kollegen und anderen Fachkräften bereit sein.

3.2.1. Die Zusammenarbeit erfordert von ihm die Bereitschaft, Berufserfahrungen auszutauschen und eigene Auffassungen an denen anderer zu prüfen.

4. Berufswidriges Verhalten

4.1. Bei berufswidrigem Verhalten eines Kollegen, das dem Klienten oder dem Berufsstand schadet, ist zu versuchen, im kollegialen Gespräch eine Klärung herbeizuführen.

4.2. Bringt die kollegiale Besprechung keine Abhilfe und handelt es sich um schwerwiegende Verstöße gegen die Berufsordnung, ist der Ausschuß für Berufsfragen (Ordnungsausschuß) anzurufen.

4.3. Die Aufgaben und die Tätigkeit der Ausschüsse für Berufsfragen regelt eine besondere Ordnung.

Diese Berufsordnung wurde von der Mitgliederversammlung des DBS am 7. Juni 1974 in Kiel verabschiedet.

2. NASW-Berufskodex – Zusammenfassung der Prinzipien

I. Die Prinzipien des Sozialarbeiters und sein Verhalten als Sozialarbeiter

A. *Anstand.* Der Sozialarbeiter stellt hohe Anforderungen an sein persönliches Verhalten als Sozialarbeiter.(3)

B. *Fähigkeiten und berufliche Entwicklung.* Der Sozialarbeiter strebt danach, in der Ausübung seines Berufes und in der Erfüllung beruflicher Funktionen tüchtig zu werden und zu bleiben. (2)

C. *Dienstleistungen.* Der Sozialarbeiter betrachtet die Dienstleistung als erste Verpflichtung der Sozialarbeit. (2)

D. *Integrität.* Der Sozialarbeiter handelt in Übereinstimmung mit den höchsten Maßstäben beruflicher Integrität. (2)

E. *Lehre und Forschung.* Der Sozialarbeiter, der in Lehre und Forschung tätig ist, orientiert sich an den Abkommen über wissenschaftliche Forschung. (6)

II. Die ethische Verantwortung des Sozialarbeiters gegenüber Klienten

F. *Vorrang der Klienteninteressen.* Die Verantwortung des Sozialarbeiters gilt vorrangig Klienten. (11)

G. *Rechte der Klienten.* Der Sozialarbeiter unternimmt jede Anstrengung, um die höchstmögliche Selbstbestimmung von Klienten zu fördern. (3)

H. *Geheimhaltung.* Der Sozialarbeiter wahrt die Geheimnisse von Klienten und behandelt alle Informationen vertraulich, die er im Laufe der Dienstleistung erhalten hat. (5)

I. *Honorare.* Bei der Festlegung von Honoraren stellt der Sozialarbeiter sicher, dass diese fair, angemessen und der Dienstleistung entsprechend sind und die finanzielle Leistungsfähigkeit des Klienten berücksichtigt. (1)

III. Die ethische Verantwortung des Sozialarbeiters gegenüber Kollegen

J. *Achtung, Gerechtigkeit und Höflichkeit.* Der Sozialarbeiter behandelt seine Kollegen mit Achtung, Höflichkeit, Gerechtigkeit und auf dem Grundsatz von Treu und Glauben. (11)

K. *Umgang mit Klienten von Kollegen.* Der Sozialarbeiter ist dafür verantwortlich, in der Beziehung zu Klienten von Kollegen die volle berufliche Sorgfalt anzuwenden. (3)

IV. Die ethische Verantwortung des Sozialarbeiters gegenüber Arbeitgebern und Institutionen

L. *Verpflichtung gegenüber Arbeitgebern.* Der Sozialarbeiter erfüllt die Verpflichtungen, die er dem Arbeitgeber gegenüber eingegangen ist. (4)

V. Die ethische Verantwortung des Sozialarbeiters gegenüber dem Sozialarbeiterberuf

M. *Die Integrität des Berufs verfechten.* Der Sozialarbeiter schützt und fördert die Werte, Ethik, das Wissen und den Auftrag des Berufes. (4)

N. *Dienstleistungen in der Gemeinde.* Der Sozialarbeiter trägt dazu bei, soziale Dienstleistungen der Öffentlichkeit zugänglich zu machen. (2)

O. *Entwicklung von beruflichen Kenntnissen.* Der Sozialarbeiter ist dafür verantwortlich, das Wissen für die Berufspraxis zu identifizieren, zu entwickeln und einzusetzen. (3)

VI. Die ethische Verantwortung des Sozialarbeiters gegenüber der Gesellschaft

P. *Die allgemeine Wohlfahrt fördern.* Der Sozialarbeiter fördert die allgemeine Wohlfahrt der Gesellschaft.

In der Klammer sind die jeweilige Anzahl Einzelbestimmungen genannt, die dem Grundsatz folgen und bestimmte Aspekte zusätzlich klären.
(Übersetzung: Elisabeth Fischbacher,in: Sozialarbeit 4/1986, 8)